TOEIC®L&Rテスト
書きこみノート
文法編

白野伊津夫　監修
富岡恵　著
加納徳博　絵

Book title	BASIC ENGLISH GRAMMAR EXERCISES
	TO IMPROVE YOUR TOEIC L&R TEST SCORE
Supervisor	Itsuo Shirono
Author	Megumi Tomioka
Illustrator	Tokuhiro Kanoh
Attention	TOEIC is a registered trademark of
	Educational Testing Service (ETS).
	This publication is not endorsed or
	approved by ETS.

Gakken

はじめに [PREFACE]

　数ある本の中からお選びいただき、ありがとうございます。本書は、2012 年に発刊した『TOEIC® テスト書きこみノート文法編』に加筆・修正を加えて、『TOEIC® L&R テスト書きこみノート文法編』と改題し、新装版としてリニューアルしたものです。

　旧版は長い間多くの読者の皆様に手にとっていただき、「はじめて 1 冊やりきれました」、「伸び悩んでいたスコアがアップしました」などうれしい感想もたくさんいただきました。本書も TOEIC L&R テストに挑戦するみなさんのサポートが少しでもできればと心から願っています。

　TOEIC L&R テストでは、実践的な英語が出題され、とても多くの英語を聞き、読むことになります。そうした問題を速く、正確に解くためには、土台となる文法の確かな知識が重要になります。「聞き取りトレーニング」や「書き取りトレーニング」で身につくリスニング力もスコアアップの大きな支えになり、本書のトレーニングを通じて、470 点、600 点とスコアが徐々にアップしていくはずです。

✱ スコアアップにつながる英文法をわかりやすく

　多くの文法項目の中から、理解や実践の核となる、そして TOEIC L&R テストでのスコアアップにつながる基本的な文法アイテムだけをセレクトしました。その文法アイテムを 6 パート、25 レッスンに分け、基礎の基礎からひとつひとつわかりやすく説明しています。無理せず、みなさんのペースで勉強を進めてください。

✱ TOEIC L&R テストスタイルの問題で本番も安心！

　問題の形式に慣れておくことも、とても重要です。問題の種類はもちろん、解き方、制限時間など、知っておくとスコアアップにつながるポイントがたくさんあります。実際に、問題形式を知らずに受験したために、スコアが伸びなかったという方も多くいます。ですから、問題の形式や解き方についても解答＆解説で説明しています。練習問題は、TOEIC L&R テストの出題パターンや、公式問題集・市販の問題集などを研究して、つかんだ出題傾向をもとにすべて作成しました。

✳ 「読む、聞く、書く、話す」という複数の感覚を使う

勉強をする際に複数の感覚を使うことも、みなさんにおすすめしたいことです。本番では「書く」トレーニングをしていただくために「ドリル」を、そして「聞く」「読む」「話す」という要素をみなさんの勉強に加えていただくために、二次元コードやスマホアプリで聞くことのできる付属音声を用意しました。いろんなやり方で取り組むと、記憶への定着率がぐんと上がるので、ぜひ活用してみてください。

✳ おもしろく、長続きするトレーニング

「おもしろさ」も学習を長く続ける上で、とても大切な要素です。本書では、少しでも「おもしろい！」と感じながら学習に取り組んでいただくために、楽しいイラストを随所に盛りこみました。また、みなさんのモチベーションアップやスコアアップにつながればと思い、「スコアアップのコツ」というコラムのコーナーをレッスンごとに設けました。コラムもぜひ読んでみてください。

この場をお借りして、本書の制作にあたってご協力いただいたみなさんに、感謝を申し上げます。原稿にお目通しいただき、的確なアドバイスをくださった監修の白野伊津夫先生、ありがとうございました。「できるだけわかりやすく、できるだけおもしろく」をテーマに、アイデアを出し続けてくださった編集スタッフのみなさん、ワクワクするようなレイアウトをしてくださったナカムラグラフのみなさん、そしてステキなイラストを描いてくださった加納徳博さん、ほんとうにありがとうございました。

また、講義やレッスンを熱心に聞いてくださる生徒のみなさん、ありがとうございます。みなさんとの講義やレッスンでお伝えしていることを本にまとめることができました。これからも、楽しみながら英語を勉強しましょう！

そして、これまでお世話になった先生、師匠に心より御礼申し上げます。これまでご教授いただいたすべてのことが私の血となり肉となり、本書の内容にもつながっています。教えていただいたことを忘れずに、これからも精進して参ります。

最後に、個性的で魅力的な友人たち、そして私の活動をいつも支えてくれる家族にも心から感謝します。

本書を使っていただき、楽しみながら英語を上達させる方がふえたら、著者として、大変光栄です。本書に取り組んだ後、さらに英語がおもしろく感じられますように！

2023 年 9 月
富岡恵

もくじ

[CONTENTS]

TOEICってこんなもの [About TOEIC]

✳ TOEICって何？

TOEIC（トーイック）とはTest of English for International Communicationの略で、英語でのコミュニケーション能力を測るテストです。受験者は、英検などのように合否で成績を判定されるのではなく、10点から990点までのスコアで評価されます。試験は問題指示文などを含めてすべて英語で行われます。

世界中の学校や企業などで、様々な目的で使用され、約160か国で実施されている試験です（2023年）。

聞く・読む能力を測定するTOEIC L&R（Listening & Reading）テストと、話す・書く能力を測定するTOEIC S&W（Speaking & Writing）テストがあります。

✳ TOEIC L&Rテストではどんな問題が出るの？

テストは合計2時間（休憩なし）で前半がリスニング（約45分）、後半がリーディング（75分）です。すべて選択式の問題で、マークシートで解答します。

リスニングには4種類、リーディングには3種類の問題があります。どういう問題が何問出てくるかを、あらかじめ知っておくと、本番で落ち着いて解くことができます。

	Part	内容	設問数
リスニング セクション （100問／約45分）	1	写真描写問題	6
	2	応答問題	25
	3	会話問題	39
	4	説明文問題	30
リーディング セクション （100問／75分）	5	短文穴埋め問題	30
	6	長文穴埋め問題	16
	7	読解問題 ▶ 1つの文書 ▶ 複数の文書	 29 25

この本ではPart 5、6で問われる文法・語彙問題を中心にTOEIC L&Rテストを解く上で基礎となる文法のエッセンスを紹介します。またTOEIC L&Rテストの問題形式に慣れていただくために、Part 5、6形式の練習問題も多数収録しています。

✳ 問題の形式と解答のコツは？

Part 1　写真描写問題

4つの説明文を聞き、その中から問題用紙にある写真をもっとも的確に描写しているものを選ぶ問題です。説明文は一度だけ放送され、問題用紙には印刷されていないので注意。

> **コツ** 写真に写っている人の数・動き、ものの位置などに注目。説明文冒頭の主語と動詞をしっかり聞く。

Part 2　応答問題

1つの質問文や文と、それに対する3つの応答文が放送されます。その応答文の中から、適切なものを選ぶ問題です。質問文と応答文は、それぞれ一度だけ放送され、問題用紙には印刷されていません。

> **コツ** 質問文の冒頭の疑問詞・主語・時制を聞き取るのがポイント。

Part 3　会話問題

複数の人物による会話を聞き、その内容に関する3つの設問に答える問題です。設問の質問文と選択肢は問題用紙に印刷されています。会話文は一度だけ放送されます。

> **コツ** 放送が始まる前に質問文だけ先に読んでおくのがポイント。1問目に会話の登場人物や会話の主旨を問う問題がよく出る。

Part 4　説明文問題

留守番電話などの説明文を聞き、その内容に関する3つの質問に答える問題です。設問の質問文と選択肢は問題用紙に印刷されています。説明文は一度だけ放送されます。

> **コツ** 放送が始まる前に質問文だけ読んでおくのがポイント。1問目には主題を問う問題が多い。

Part 5　短文穴埋め問題

短い文の中に1か所だけ空欄があります。その空欄にふさわしいものを選択肢の中から1つ選んで答える問題です。

> **コツ** 1問あたり20秒で解くのが理想。語彙か文法を問う問題で、空欄の前後にヒントがあることが多い。

Part 6　長文穴埋め問題

手紙、社内文書、Eメールなどの長文の中に4か所の空欄があります。それぞれの空欄に入れるのにふさわしいものを選択肢の中から1つ選んで答える問題です。

> **コツ** 1問あたり20秒で解くのが理想。空欄のある文と、その前後の文に注目しヒントを探す。

Part 7　読解問題

広告・手紙・Eメール・記事などの長文を読んで、その内容に関する設問に答える問題です。1つの長文を読んで答える問題と、2つまたは3つの長文を読んで答える問題があります。

> **コツ** 1問1分、1題あたり2～5分で解く。まずは質問文を先読みして、読み取るべき情報をつかみ、本文で答えを見つけるという流れで解こう。

本書の使い方 [How to use this book]

　本書では TOEIC L&R テストで 600 点を突破するために、本当に必要な文法知識を6つのパート、全 25 レッスンに分けて紹介していきます。

　1レッスンは「文法解説ページ」→「ドリルでトレーニング！」→「TOEIC レベルにチャレンジ！」の3ステップで展開します。

STEP 1　解説 & イラストで文法のポイントをつかむ！

解説

文法用語のかみくだき説明から、各文法項目の重要ポイントまで例文をまじえて、くわしく説明しています。

表 & 図解

重要表現や重要事項については表や図解にまとめて紹介しています。

イラスト

文法の理解に役立つイラストを随所に盛りこんでいます。解説とあわせて活用して、文法のイメージをしっかりつかんでください。

STEP 2　ドリルで文法知識 & TOEIC L&R テスト攻略のポイントをおさえる！

書きこみドリル

文法解説で学習したポイントを書きこみ式のドリルで確認します。解答は別冊に掲載しています。

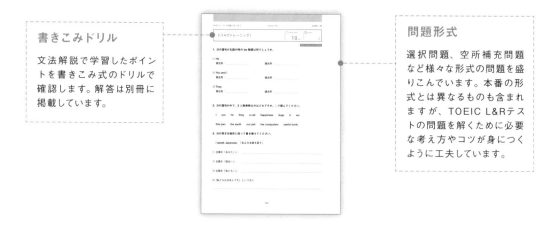

問題形式

選択問題、空所補充問題など様々な形式の問題を盛りこんでいます。本番の形式とは異なるものも含まれますが、TOEIC L&R テストの問題を解くために必要な考え方やコツが身につくように工夫しています。

本番スタイルの練習問題で総仕上げ！

問題

問題はすべて本番と同じスタイルです。これまで学習したポイントが解答のカギになりますので、総仕上げのつもりで取り組んでみてください。くわしい解答＆解説は別冊に掲載しています。

コラム

各レッスンの最後に「スコアアップのコツ」というコラムを掲載しました。問題を解くための具体的なテクニックや勉強法のヒントなどを凝縮しています。ぜひ目を通してみてください。

音声を聞く方法は4通り

❶ 二次元コードで聞く

各ページの二次元コードを読みとることで、インターネットに接続されたスマートフォンやタブレットで再生できます。

❷ スマートフォンのアプリで聞く

音声再生アプリ「my-oto-mo」に対応しています。スマートフォンかタブレットで下のURLまたは二次元コードにアクセスし、アプリをダウンロードしてください。

https://gakken-ep.jp/extra/myotomo/

※ アプリは無料ですが、通信料はお客様のご負担になります。

❸ パソコンにダウンロードして聞く

下記のURLにパソコンからアクセスいただき、ページ下方の【語学】から『TOEIC L&Rテスト書きこみノート文法編』を選択し、音声ファイルをダウンロードしてください。

https://gakken-ep.jp/extra/myotomo/

❹ AI英語教材「abceed」で聞く

本書はAI英語教材「abceed」にも対応しています。スマートフォンやタブレット、PCで「音声再生」を無料でご利用いただけます。
○スマートフォン、タブレットの場合はアプリをダウンロードいただきます。
　右の二次元コードからご利用を開始いただけます。
○abceed の「教材」から書籍名で検索をしてご利用ください。

※その他の注意事項はダウンロードサイトをご参照ください。
※お客様のネット環境およびスマートフォンやタブレット端末の環境により、音声の再生やアプリの利用ができない場合、当社は責任を負いかねます。また、スマートフォンやタブレットやプレイヤーの使用方法、音声ファイルのインストールおよび解凍、転送方法などの技術的なお問い合わせにはご対応できません。
※また、abceed は株式会社 Globee の商品です。abceed に関するお問い合わせは株式会社 Globee までお願いします。
本サービスは予告なく終了することがあります。

PART 1

英語の基本になるパーツ

ここでは英語の文を構成するパーツを紹介します。
ひとつひとつのパーツには名前と特徴があり、
それらを知ることが英語のルールを理解するための第一歩になります。

^{Lesson}**01** 名詞

---

date.1 　　/　　　　date.2 　　/

check！　☐ 名詞の特徴と働きをおさえる。
　　　　　☐ 冠詞の使い分けと可算名詞・不可算名詞の区別をおさえる。

✳ 名詞とは　　　　　　　　　　　　　　　　☐ check！

名詞は**人やものの名前**を表すことばです。
文の中では**主語**や**目的語**になります。

英語では名詞が「特定か、不特定か」、「数えられるか、数えられないか」
ということが強く意識されます。

日本語にはないルールなので、<u>考え方の違いや形を理解すること</u>が**大切**です。
TOEIC L&R テストでもこのポイントがよく出題されます。

✳ 名詞を使うときのポイント　　　　　　　☐ check！

1. 冠詞（かんし）の使い分け

冠詞とは、名詞のアタマ（前）に「冠（かんむり）」のようにつくことばです。
種類は <u>**a / an / the** の 3 つ</u>があり、
名詞が「**特定**」か「**不特定**」かで使い分けます。

a / an：「不特定のひとつ」の意味をもちます。
　　　　　「どれでもいいひとつの～」というイメージです。
　　　　　名詞が **a / i / u / e / o** の母音で始まる場合は **an** を、
　　　　　それ以外の音（子音）で始まる場合は
　　　　　すべて **a** をつけます。

▸ **an apple**　　▸ **an orange**　　▸ **a pineapple**
　リンゴひとつ　　　オレンジひとつ　　　パイナップルひとつ

the：「特定」の意味をもちます。

この世にひとつだけのものや、

話し手や会話をしているメンバーの頭の中で

「これ！」と決まっているものを指すときに使います。

▶ a car　　　▶ the car

（どれでもいい1台の）車　　（あの）車

ただし "by" の後ろに置いて、

「交通の手段」を表すときには、冠詞は不要です。

※ちなみに文法書では冠詞がつかないことを「無冠詞」などと呼ばれます。

2. 可算名詞・不可算名詞の区別

可算は「数えられる」、不可算は「数えられない」ということです。

① 可算名詞：具体的な形をもつ名詞で、「1つ、2つ……」と数えられる。

▶ **pen** ▶ **spoon** ▶ **desk** ▶ **car**
　ペン　　　スプーン　　　机　　　　車

可算名詞には単数（1つ [1人]）を表す形と、複数（2つ [2人] 以上）を表す形があります。
単数のときは名詞の前に **a / an** を置き、複数のときは名詞の語尾に **s** をつけます。

② 不可算名詞：具体的な形をもたない名詞（「愛」「幸せ」などの抽象的なもの）や
　　　　　　　　他の道具を使って、量をはかるような名詞（液体、気体など）。

▶ **water** ▶ **rice** ▶ **money** ▶ **happiness** ▶ **information**
　水　　　　米　　　お金　　　　幸せ　　　　　情報

基本的に、不可算名詞には **a / an** や複数形を表す語尾の **s** はつきません。
some（いくらかの）や **a lot of**（たくさんの）などをつけて量を表すことや、
容器や単位などを用いて数えることができます。

▶ a glass of **water** ▶ a cup of **coffee** ▶ a piece of **advice** ▶ a loaf of **bread**
　グラス一杯の水　　　カップ一杯のコーヒー　　ひとつの助言　　　　1斤のパン

ドリルでトレーニング！	⏱ time limit **10**min.	📄 score ／8

解答&解説 ▶ 別冊 P.001

1. 次の日本語の中で名詞はどれですか。○で囲んでください。

練習 / 練習する / かわいい / 熱心に / 幸せ / 大きい / 水 / 富士山

2. 次の名詞の中で可算名詞はどれですか。○で囲んでください。

juice / pen / chair / sugar / homework / apple / information / happiness

3. 次の不可算名詞とそれぞれに適した単位を線で結んでください。

(1) water　　•　　　　　　•　　a cup of

(2) paper　　•　　　　　　•　　a loaf of

(3) coffee　　•　　　　　　•　　a glass of

(4) bread　　•　　　　　　•　　a piece of

(5) advice　　•　　　　　　•　　a sheet of

4. 次の語句のうち、冠詞と名詞の組み合わせが間違っているものを○で囲んでください。

a apple / the earth / a sun / an pen / a Tokyo / a cellphone / a beer

TOEIC レベルにチャレンジ！

time limit **2** min.

score /4

 01

解答&解説 ▶ 別冊 P.001

空欄に入る適切な語句を選んでください。
解き終えたら音声に合わせて音読してみましょう。

1. Our company has a lot of ------- about the new product.

(A) informing
(B) information
(C) inform
(D) informations　Ⓐ Ⓑ Ⓒ Ⓓ

2. Mr. Smith has never traveled -------.

(A) plane
(B) by plane
(C) by a plane
(D) by the plane　Ⓐ Ⓑ Ⓒ Ⓓ

3. At the meeting, the manager gave me a ------- of advice.

(A) loaf
(B) glass
(C) sheet
(D) piece　Ⓐ Ⓑ Ⓒ Ⓓ

4. I go to ------- in Tokyo.

(A) an university
(B) a university
(C) classroom
(D) campus　Ⓐ Ⓑ Ⓒ Ⓓ

---

column	スコア アップの コツ

文法練習は「文字」×「音」で

文法というと、読む・書くという「文字レベル」の勉強になりがちです。文字だけに頼った勉強を続けても、「読み書きはできるけど聞けない、話せない」という偏った力しか身につかない場合もあります。せっかく勉強するのですから、それではもったいないですよね。
これからは、ぜひ文法の学習に「音」を加えてみてください。読んで、聞いて、感じ取る。それを心がければ「読む、書く、聞く、話す」どの分野でも使える文法力が身につきますよ。

Lesson 02 代名詞

check !　　☐ 代名詞の役割と種類を理解する。
　　　　　　☐ 人称代名詞と不定代名詞の意味と使い方をおさえる。

✳ 代名詞とは　　　　　　　　　　　　　　　　☐ check !

代名詞は文や会話の中ですでに出てきた名詞の代わりに使うことばです。
同じ単語をくりかえして使うことを避ける英語では、よく登場する単語です。
ここでは代名詞の種類と基本的な使い方を確認していきましょう。

✳ 指示代名詞　　　　　　　　　　　　　　　　☐ check !

指示代名詞は指で示すときに使う代名詞だと考えてください。よく使うのは次の 4 つです。

▶ **this**　　▶ **that**　　▶ **these**　　▶ **those**
　　これ　　　　あれ　　　　これら　　　　あれら

指示代名詞の後ろに名詞を置いて使うこともあります。

▶ **this book**　　▶ **that book**　　▶ **these books**　　▶ **those books**
　　この本　　　　　あの本　　　　　　これらの本　　　　　あれらの本

this / these は近くのものを、**that / those** は遠くのものを指すときに使います。

✳ 人称代名詞

☐ check !

人称代名詞は**人を指す**ときに使う代名詞です。
文中での働きなどによって、下の表のように形が変わります。

主格＝「〜は」という意味で、文の主語になるもの。
所有格＝「〜の」という意味で名詞の前に置いて、所有者（持ち主）を表すもの。
目的格＝「〜を・〜に」という意味で動詞などの後ろに置いて、目的語になるもの。
所有代名詞＝「〜のもの」という意味で所有格と名詞を合わせた形。
再帰代名詞＝ **-self**（**-selves**）の形で「〜自身」という意味を表す代名詞。

	主格	所有格	目的格	所有代名詞	再帰代名詞
私	I	my	me	mine	myself
あなた（たち）	you	your	you	yours	yourself
彼	he	his	him	his	himself
彼女	she	her	her	hers	herself
それ	it	its	it	なし	itself
私たち	we	our	us	ours	ourselves
彼ら	they	their	them	theirs	themselves

※ **it** は人ではなく「それ」という意味で、人以外の生き物やものを指します。
また、時間・天候・距離を表すときに、主語に使うこともあります。

✳ 不定代名詞

☐ check !

「不特定の人・ものの数や量」を表す代名詞です。

代名詞	意味
some	いくつか（肯定文で）
any	いくつか（否定・疑問文で）
the other	（2つのうちの）残りのもうひとつ

代名詞	意味
the others	（3つ以上の）残りすべて
others	他のいくつか
another	別のもの、もうひとつの

これらの代名詞が **of** と一緒に使われることもあります。

代名詞 + of	意味
all of	すべて
either of	（2つのうちの）どちらか
both of	（2つのうちの）両方

代名詞 + of	意味
neither of	（2つのうちの）どちらも〜ない
none of	（3つ以上の）すべて〜ない
each of	それぞれの〜

ドリルでトレーニング！

⏱ time limit
10min.

📄 score
/14

解答＆解説 ▶ 別冊 P.001

1. 次の代名詞を 〈　〉 内の指示に従って書き換えてください。

(1) this book　　→　＿＿＿＿＿＿＿＿＿ book　　〈遠くにある〉

(2) those bags　→　＿＿＿＿＿＿＿＿＿ bags　　〈近くにある〉

(3) my chair　　→　＿＿＿＿＿＿＿＿＿ chair　　〈彼女の〉

(4) his parents　→　＿＿＿＿＿＿＿＿＿ parents　〈あなたの〉

(5) my dog　　　→　＿＿＿＿＿＿＿＿＿ dog　　〈私たちの〉

(6) his house　　→　＿＿＿＿＿＿＿＿＿ house　　〈彼らの〉

2. 〈　〉 内の指示に従って空欄に適切な代名詞を書いてください。

(1) I love ＿＿＿＿＿＿＿＿＿ shirt.　　　　　　〈あなた〉

(2) ＿＿＿＿＿＿＿＿＿ study English.　　　　　〈私たち〉

(3) They know ＿＿＿＿＿＿＿＿＿.　　　　　　〈彼〉

(4) "Is this yours ?" "Yes, it's ＿＿＿＿＿＿＿＿＿."　〈私〉

(5) Every Sunday, she meets ＿＿＿＿＿＿＿＿＿.　〈彼ら〉

3. 次の （　　） 内から適するものを選び、○で囲んでください。

(1) (Each / Every) of the workers has his own e-mail address.

(2) I don't like this one. Will you show me (one / another)?

(3) (Neither / None) of the three men came back from the woods.

TOEIC レベルにチャレンジ！

⏱ time limit
2 min.

📝 score
／4

🎧 02

解答＆解説 ▶ 別冊 P.002

空欄に入る適切な語句を選んでください。
解き終えたら音声に合わせて音読してみましょう。

1. We didn't see ------- at that time.

(A) he
(B) his
(C) him
(D) she

Ⓐ Ⓑ Ⓒ Ⓓ

2. How far is ------- from your house to your office ?

(A) it
(B) this
(C) those
(D) you

Ⓐ Ⓑ Ⓒ Ⓓ

3. ------- of the items displayed here are for sale.

(A) No
(B) One
(C) None
(D) Another

Ⓐ Ⓑ Ⓒ Ⓓ

4. I have two computers : one is a desktop and ------- is a laptop.

(A) another
(B) the other
(C) one
(D) the others

Ⓐ Ⓑ Ⓒ Ⓓ

column	スコア アップの コツ

音声の活用法

付属の音声はしっかりと活用していますか。
パソコンで聞くのもよいのですが、できれば
アプリも駆使してどんどん活用してみてください。
①英文を見ないでくりかえし聞く、②英文を見ながらマネして言う、
③英文を見ないで一緒に言う、というように方法を変えて、同じ英文を
くりかえし聞いてみるとよいでしょう。
お気に入りの音楽を聞くように何度もくりかえし聞くうちに、楽しく自
然に英語が身につきますよ。

Lesson 03 動詞

check !　　□ be 動詞の意味と形の使い分けをおさえる。
　　　　　　□ 一般動詞の 2 つの種類（自動詞と他動詞）の区別をおさえる。

✳ 動詞とは 　　　　　　　　　　　　　　□ check !

動き（「〜する」）や状態（「〜だ」）を表すことばのグループです。
日本語では「ウ段」で終わることばです（歩<u>く</u>、話<u>す</u>、読<u>む</u>、勉強す<u>る</u>、など）。

✳ be 動詞と一般動詞 　　　　　　　　　□ check !

英語の動詞は「be 動詞」と「一般動詞」の 2 種類に大きく分けられます。

1. be 動詞

<u>主語と動詞の後ろにくることばを「イコール」でつなぐ動詞です。</u>
「〜である」（状態）という意味や「〜にいる」（存在）という意味を表します。
名前、職業、国籍、気持ち、状態などを表すときに使います。

▶ **She** is **a doctor.** 　　彼女は医者である。
▶ **We** are **Japanese.** 　　私たちは日本人である。

主語が何であるかによって <u>am、is、are</u> の 3 つの形を使い分けます。

	主語	be 動詞	短縮形
	I	am	I'm
	You	are	You're
単数	Taro		—
	He / She	is	He's / She's
	This		—
	That		That's
複数	We	are	We're
	They		They're

2. 一般動詞

be 動詞以外のすべての動詞のことで、主に動作を表すときに使います。

現在形は主語によって「そのままの形（原形）」と「語尾に s がついた形」の

2 つを使い分けます（詳しくは p.43「lesson 08 主述の一致」参照）。

ここでは、自動詞と他動詞という一般動詞の 2 つの種類について説明します。

① 自動詞：直後に動作の対象となる名詞や代名詞（目的語）が必要ない動詞。

　　　　例 walk / run / sleep / swim

自動詞の後ろには修飾語が置かれることが多いです。

▶ I run in the park every day.　　　　私は毎日公園を走る。

▶ Jack swims very fast.　　　　ジャックはとても速く泳ぐ。

② 他動詞：直後に動作の対象となる名詞や代名詞（目的語）が必要な動詞。

　　　　日本語では「〜を」がつけられるものが他動詞になりやすい。

　　　　例 eat / make / get / break

▶ I usually eat sandwiches for breakfast.　　私は普通、朝食にサンドイッチを食べる。

▶ She makes a cake every Sunday.　　彼女は毎週日曜日にケーキをつくる。

ドリルでトレーニング！	time limit 10 min.	score /15

解答 & 解説 ▶ 別冊 P.002

1. 次の日本語文を英語にするときに使うのは be 動詞と一般動詞のどちらでしょうか。線で結んでください。

(1) 私は東京に住んでいる。　・

(2) 彼らはアメリカ人です。　・

(3) 私たちは医師だ。　　　　・　　　　　　　・　　be 動詞

(4) 彼女は怒っている。　　　・

(5) この部屋は暑い。　　　　・　　　　　　　・　　一般動詞

(6) 社長は早朝に出社する。　・

2. 次の文の空欄に適切な be 動詞を入れてください。

(1) I _____ happy now.

(2) Mr. Yamazaki _____ a teacher.

(3) They _____ Canadians.

(4) Both of my parents _____ over 50.

3. 次の文の空欄に入る適切な一般動詞を語群の中から選んで、書いてください。

visit / have / work / walk / sleep

(1) You _____ for eight hours at night.

(2) They _____ at a bank.

(3) I _____ to my office every day.

(4) You _____ a lot of time and money.

(5) We _____ New York once a year.

TOEIC レベルにチャレンジ！

time limit　2 min.

score　/4

03

解答＆解説 ▶ 別冊 P.003

空欄に入る適切な語句を選んでください。
解き終えたら音声に合わせて音読してみましょう。

1. They ------- very quiet in the classroom.

(A) is
(B) eat
(C) are
(D) make

Ⓐ Ⓑ Ⓒ Ⓓ

2. You and I ------- good friends.

(A) are
(B) do
(C) am
(D) is

Ⓐ Ⓑ Ⓒ Ⓓ

3. We ------- in New York and we are very happy.

(A) are live
(B) live
(C) go
(D) have

Ⓐ Ⓑ Ⓒ Ⓓ

4. Ms. Yamada and Mr. Jones ------- Tokyo every summer.

(A) visit
(B) go
(C) are
(D) get

Ⓐ Ⓑ Ⓒ Ⓓ

---

column	スコアアップのコツ

TOEIC L&R テスト特有の時間配分

Part 5 以降のリーディング問題で重要なのは時間配分です。
大半の受験者が時間配分をせずに取り組んでしまい、
最後の問題までたどりつくことができません。
できるだけ多くの問題を解くことがスコアアップには必要です。
そのためには「Part 5・6 の穴埋め問題は 1 問 20 秒、
Part 7 は 1 つの設問につき 1 分」が完走するための目安です。
練習問題を解く際にも、ぜひ時間を意識しながら
取り組んでみてください。

^{lesson} # 04　助動詞

---

date.1　　　　／　　　　　date.2　　　　／

---

check !　　□ 助動詞の使い方と働きをおさえる。
　　　　　　□ 代表的な助動詞の意味と使い方をおさえる。

✳ 助動詞とは　　　　　　　　　　　　　　□ check !

助動詞とは、動詞を補助することばです。
「可能」「義務」「許可」などの様々な意味を動詞につけ加えます。
〈助動詞＋動詞の原形〉の形で使います。
助動詞の後ろには動詞の原形が置かれることがポイントです。

✳「可能」「義務」を表す助動詞　　　　　□ check !

「〜できる」という可能の意味は can、
「〜すべきである」という弱い義務の意味は should、
「〜しなくてはならない」という強い義務の意味は must を使って表します。

▶ **I can swim fast.**　　　　　私は速く泳ぐことができる。
▶ **You should take a day off.**　　君は 1 日休みをとるべきだ。
▶ **I must make a reservation.**　　私は予約をとらなければならない。

これらの助動詞は、他のフレーズで言い換えることができます。

助動詞	言い換えフレーズ	意味
can	be able to	〜できる（可能）
should	ought to	〜すべきである（弱い義務）
must	have to	〜しなくてはならない（強い義務）

助動詞と同じように言い換えフレーズの to の後ろには、動詞の原形を置きます。

✳ 「許可」「依頼」を表す助動詞

<u>「〜してもよい」</u>という許可の意味を表すときに使うのは **can** と **may** です。
can は可能の意味のほかに、「〜してもよい」という許可の意味も表せます。

▶ **Can** I open the window ? 　　　窓を開けてもよいですか。

▶ **May** I come in ? 　　　　　　　中に入ってもよいですか。

<u>「〜してもらえますか」</u>という依頼の意味を表すときには
can / will / could / would を使います。
can と **will** は気軽な依頼、**could** と **would** はていねいな依頼の際に使います。

✳ 「提案」を表す助動詞

「（私が）〜しましょうか」「（一緒に）〜しましょう」という
提案の意味を表すときには **shall** を使います。

▶ **Shall** I open the window ? 　　　私が窓を開けましょうか。

▶ **Shall** we open the window ? 　　一緒に（大きな）窓を開けましょう。

ドリルでトレーニング！

time limit
10 min.

score
／8

解答 & 解説 ▶ 別冊 P.003

1. 次の文の空欄に入る適切な助動詞を語群の中から選んで、書いてください。

could / should / must / shall

(1) _____ you come here ?　　「ここに来てくださいますか。」

(2) You _____ get up early.　　「あなたは早く起きなくてはならない」

(3) _____ we dance ?　　「一緒に踊りましょう」

(4) _____ I go to your office ?「御社にうかがった方がよろしいですか。」

2. 次の日本語を英語にしてください。

(1) 窓を開けてもよいですか。

_____

(2) このかばんを持ってくれますか。

_____

(3) ドアを開けましょうか。

_____

(4) 私たちは駅まで歩くことができる。

_____

TOEIC レベルにチャレンジ！

⏱ time limit **2** min. | 📋 score /4 | 🎧 04

解答＆解説 ▶ 別冊 P.003

空欄に入る適切な語句を選んでください。
解き終えたら音声に合わせて音読してみましょう。

1. You ------- to stay here with the manager until 9 P.M.

(A) can
(B) ought
(C) must
(D) should Ⓐ Ⓑ Ⓒ Ⓓ

2. ------- you hold the box for me ?

(A) Would
(B) Should
(C) Shall
(D) Must Ⓐ Ⓑ Ⓒ Ⓓ

3. ------- I open the window ?

(A) Would
(B) Will
(C) Must
(D) Shall Ⓐ Ⓑ Ⓒ Ⓓ

4. Are we ------- to leave here now ?

(A) should
(B) can
(C) able
(D) must Ⓐ Ⓑ Ⓒ Ⓓ

---

column	スコア アップの コツ

穴埋め問題のコツ

Part 5・6 の空欄穴埋め問題の中には
英文をすべて訳さなくても、解答できる問題があります。
このタイプの問題を解くコツは、空欄の前後に注目することです。
たとえば、空欄の前に助動詞があれば
その空欄には動詞の原形が入ると予測できますよね。
このように文法の知識や品詞の特徴をつかんでおけば
スピーディーに正解を選ぶことができるのです。
文法問題の正解率や解答のスピードをあげるためにも、
練習の段階から空欄の前後のつながりを意識してみてください。

_{lesson} **05** 形容詞・副詞

---

date.1   /   date.2   /

check！   ☐ 形容詞と副詞の働きをおさえる。
          ☐ 形容詞と副詞の違いと判別の目安をおさえる。

✳ 形容詞とは
_{けいよう し}
                                                        ☐ check！

形容詞は人の容姿、性質、状態やものの形、大きさなどを説明することばです。
日本語では語尾に「〜い」がつくことが多いです（かわいい、美しい、うれしいなど）。

形容詞は名詞の前や、**be** 動詞の後ろに置かれます。

▶ **a** tall **man**   ▶ **a** kind **man**   ▶ **a** happy **man**

    背の高い男の人   優しい男の人   幸せな男の人

▶ **He is** tall.   ▶ **He is** kind.   ▶ **He is** happy.

    彼は背が高い。   彼は優しい。   彼は幸せだ。

形容詞の語尾に多いのは、**-ive**、**-ful**、**-able** などです。
語尾の形から形容詞だとわかることが多いので、判別の目安にするとよいでしょう。

▶ **act<u>ive</u>**   ▶ **posit<u>ive</u>**
    活動的な   積極的な

▶ **effect<u>ive</u>**   ▶ **expens<u>ive</u>**
    効果的な   高価な

▶ **beauti<u>ful</u>**   ▶ **plenti<u>ful</u>**
    美しい   たくさんの

▶ **port<u>able</u>**   ▶ **understand<u>able</u>**
    持ち運べる   理解できる

▶ **reli<u>able</u>**   ▶ **wash<u>able</u>**
    頼れる   洗える

✳ 副詞とは

副詞は場所、時、速度、程度といった副次的な説明を加えることばです。

副詞を使うことで文の内容はより詳しくなりますが、なくても文は成り立ちます。

文、動詞、形容詞、副詞を修飾する働きをします。

副詞は be 動詞の後ろ、一般動詞の前、形容詞・副詞の前、文の始めや終わりに置きます。

形容詞や副詞を加えることで文や単語に意味をプラスして

表現の幅を広げることができます。

▶ I <u>am</u> always **happy.**　　　　　　　　　　私はいつも幸せだ。
　　　　└─────→ 動詞を修飾

▶ I always <u>walk</u> slowly.　　　　　　　　　私は常にゆっくり歩く。
　　　　　　　└─────→ 動詞を修飾

▶ I have a very **big dog.**　　　　　　　　私はとても大きな犬を飼っている。
　　　　　└─────→ 形容詞を修飾

▶ Fortunately, <u>I have a lot of money.</u>　　　幸運にも私はお金をたくさん持っている。
　　　└──────────→ 文を修飾

副詞の語尾に多いのは **-ly** です。

▶ **slowly**	▶ **rapidly**	▶ **early**	▶ **really**
ゆっくりと	（スピードが）速い	（時期・時間が）早い	本当に

しかし、次の単語のように語尾に **-ly** がつかない副詞もあるので、

あくまでも副詞を発見する際の **1** つの目安として活用してください。

▶ **fast**	▶ **here**	▶ **often**	▶ **seldom**
（スピードが）速い	ここに	しばしば	めったに〜ない

a dog　　　a big dog　　　a very big dog

ドリルでトレーニング！

⏱ time limit	📝 score
10min.	/23

解答＆解説 ▶ 別冊 P.004

1. 次の単語は形容詞と副詞のどちらでしょうか。線で結んでください。

(1) always ●

(2) very ●

(3) positive ●　　　　　　　● 形容詞

(4) plentiful ●

(5) rapidly ●　　　　　　　● 副詞

(6) portable ●

2. 次の表の空欄に適切な単語や副詞の意味を書いてください。

形容詞	副詞	副詞の意味
slow	①	②
③	quickly	④
⑤	happily	⑥
beautiful	⑦	⑧
active	⑨	⑩
immediate	⑪	⑫
⑬	carefully	⑭

3. 次の単語を並べ替えて正しい英文をつくってください。

(1)（ very / he / can / fast / run ）

_____

(2)（ they / a / water / always / glass / of / drink ）

_____

(3)（ understandable / are / her / lectures / very ）

_____

TOEIC レベルにチャレンジ！ ⏱ time limit **2** min. 📄 score / 4 🎧 05

解答 & 解説 ▶ 別冊 **P.004**

空欄に入る適切な語句を選んでください。
解き終えたら音声に合わせて音読してみましょう。

1. The school trip to Kyoto was a very ------- event from my high-school days.

(A) memory
(B) memorize
(C) memorable
(D) memories Ⓐ Ⓑ Ⓒ Ⓓ

2. Staff members in this company are all -------.

(A) happy
(B) happiness
(C) happily
(D) happinesses Ⓐ Ⓑ Ⓒ Ⓓ

3. She eats meals extremely -------.

(A) slow
(B) slowly
(C) slower
(D) slows Ⓐ Ⓑ Ⓒ Ⓓ

4. Mr. Cho walks very ------- from his office to the station.

(A) fast
(B) rapid
(C) early
(D) quick Ⓐ Ⓑ Ⓒ Ⓓ

column	スコア アップの コツ

形容詞と副詞の違い

TOEIC L&R テストの Part 5・6 の穴埋め問題では、副詞や形容詞が正解になる問題がよく出題されます。ですから、今回の lesson で学習した「形容詞と副詞の違い」をよく理解して覚えておきましょう。形容詞が名詞だけを修飾するのに対して、副詞は文・動詞・形容詞・副詞を修飾します。空欄の前後を確認して、その空欄に入る単語が何を修飾しているのかを意識してみてください。

こうした問題を素早く判断するためにも、単語の意味だけではなく、品詞の役割もあわせてしっかり覚えておきましょう。

PART 2

パーツの並べ方

単語というパーツを並べることで
意味の通じる「文」になります。
ここでは基本的な文の種類と
基本的なパーツの並べ方のルールを紹介します。

[文]

lesson 06 単語の役割と文

date.1　　　　／　　　　　date.2　　　　／

check !　　☐ 文法用語と文中でのそれぞれの役割をおさえる。
　　　　　　☐ 句、節、文の特徴と違いをおさえる。

✳ 主語
☐ check !

文の主役・テーマとなる単語。

名詞・代名詞が主語になります。文の中に必ずなくてはならないものです。

「主語」という意味の **Subject** の頭文字をとって **S** と表されることもあります。

✳ 述語動詞
☐ check !

述語動詞は基本的に主語の後ろに置かれ、動作や状態を表す単語。

これも文の中に必ずなくてはならないものです。

「動詞」という意味の **Verb** の頭文字をとって **V** と表されることもあります。

✳ 目的語
☐ check !

目的語は動詞の後ろに置かれる、動作の対象となる単語。

目的語は、動詞の中でも自動詞には必要ありませんが、

他動詞の後には必ず必要です。※自動詞・他動詞については「動詞」（**p.21**）を参照。

目的語になるのは名詞・代名詞です。

「目的語」という意味の **Object** の頭文字をとって **O** と表されることもあります。

✳ 補語
☐ check !

be 動詞の後ろや目的語の後ろにある単語で、

主語や目的語の性質を表すものです。名詞や形容詞が補語になります。

「補語」という意味の **Complement** の頭文字をとって **C** と表されることもあります。

＊ 修飾語（しゅうしょくご）

☐ check !

主語・述語動詞・目的語・補語以外の単語。

「修飾」とは飾（かざ）ること、つまり情報をプラスするということです。

単語や文に情報をプラスして、<u>より詳しく説明する言葉</u>です。

形容詞や副詞がこの修飾語に分類されます。

「修飾語」という意味の Modifier の頭文字をとって M と表されることもあります。

＊ 句（く）

☐ check !

主語と動詞を含まない、2 つ以上の単語のカタマリのこと。

このカタマリは名詞、形容詞、副詞などと同じ働きをします。

例 副詞句　**at the station**　　駅で　　　　**right away**　　ただちに

＊ 節（せつ）

☐ check !

主語と動詞を含む、2 つ以上の単語のカタマリのこと。

このカタマリは名詞、形容詞、副詞などと同じ働きをします。

節をつくる代表的なものに接続詞があります。

接続詞がついていないメインの節を主節（しゅせつ）、

接続詞のついているサブの節を従属節（じゅうぞくせつ）といいます。

詳しくは「lesson 18 接続詞」（p.88）で説明します。

例 接続詞節　**when I woke up**　　私が目覚めたら
　　　　　　　主語＋動詞

＊ 文

☐ check !

主語と動詞を含む完結したカタマリ。

文の最初の単語は必ず大文字で始め、

文の最後にはピリオド（.）やクエスチョンマーク（?）などがつきます。

例 肯定文　**He works for a trading company.**　　彼は商社に勤めている。

否定文　**He doesn't work on Sundays.**　　彼は日曜日は働かない。

疑問文　**Does he speak spanish ?**　　彼はスペイン語を話しますか。

| ドリルでトレーニング！ | ① time limit
10 min. | 🗐 score
╱13 |

解答＆解説 ▶ 別冊 P.004

1. 次の文の主語に二重線（＝＝）を、述語動詞に波線（〰〰）を引いてください。

(1) Every Monday, workers come to the office at 8 A.M.

(2) A lot of people want a lot of money.

(3) Is the president fine today ?

2. 次の文に目的語があれば二重線（＝＝）、補語があれば波線（〰〰）を引いてください。

(1) We speak Japanese.

(2) The waiter isn't busy now.

(3) Do you like cats ?

(4) All people in this room are students.

3. 次の単語のカタマリは句、節、文のどれでしょうか。線で結んでください。

(1) in the morning　　　●

(2) I like Japan.　　　　●

(3) because I like Japan　●　　　　　　● 句

(4) right now　　　　　●　　　　　　● 節

(5) Do you know me ?　　●　　　　　　● 文

(6) when I get up　　　●

解答&解説 ▶ 別冊 P.005

TOEIC レベルにチャレンジ！

time limit **2** min.

score /4

🎧 06

空欄に入る適切な語句を選んでください。
解き終えたら音声に合わせて音読してみましょう。

1. ------- is very important for me.

(A) Happy
(B) Happiness
(C) Glad
(D) Exciting

Ⓐ Ⓑ Ⓒ Ⓓ

2. We want to get some ------- for the meeting.

(A) information
(B) informations
(C) inform
(D) informative

Ⓐ Ⓑ Ⓒ Ⓓ

3. They are all ------- in this office.

(A) work
(B) workers
(C) works
(D) can work

Ⓐ Ⓑ Ⓒ Ⓓ

4. We share the stationery -------.

(A) classroom
(B) this classroom
(C) in this classroom
(D) in this classroom is

Ⓐ Ⓑ Ⓒ Ⓓ

PART **2** パーツの並べ方［文］

---

column	スコア アップの コツ

すきま時間を活用しよう！

「忙しくて、なかなか勉強する時間がとれない」という方は多いでしょう。
そんな方にオススメなのが「すきま時間」の活用です。
通勤、通学、昼休みなどのうちの 10 分間で OK ！
ただ漠然と長く勉強するよりも、短時間の勉強をくりかえす方が
習慣がつきやすく、上達につながります。1 度にたくさんやろうとは
せず、あくまでも短時間で終了。
「ちょっと物足りないかな？」という程度で切りあげるのも
ポイントです。

lesson 06

単語の役割と文

Lesson 07 文の種類

----
date.1　　　／　　　　date.2　　　／

check !　　☐ 英語の文の種類と特徴をおさえる。
　　　　　　☐ 否定文や疑問文のつくり方をおさえる。

✳ 肯定文　　　　　　　　　　　　　　　　　☐ check !

「〜は…です」という意味を表す文を肯定文といいます。

肯定文は 〈主語（＋助動詞）＋動詞〜〉 という語順で、ピリオド（.）で終わります。

✳ 否定文　　　　　　　　　　　　　　　　　☐ check !

「〜は…ではない」という意味を表す文を否定文といいます。

英語では主に not を使って否定文をつくりますが、語順は次の 2 通りがあります。

1. be 動詞・助動詞を含む文

be 動詞・助動詞の後ろに not を入れます。

▶　You are happy.　　　　→　　　　You are not happy.
▶　You can swim.　　　　→　　　　You cannot swim.
　　　　　　　　　　　　　　　　　（cannot = can't でも OK）

2. 一般動詞を含む文

主語が私・あなた・私たち・彼ら・複数名詞のときには do not、

主語が彼・彼女・単数名詞のときには does not を主語の後ろに置きます。

▶　I like dogs.　　　　　→　　　　I do not like dogs.
　　　　　　　　　　　　　　　　　（do not = don't でも OK）
▶　He likes dogs.　　　　→　　　　He does not like dogs.
　　　　　　　　　　　　　　　　　（does not = doesn't でも OK）

※ちなみに文法書などでは、この「肯定文」と「否定文」をあわせて、「平叙文」と呼ぶこともあります。

✳ 疑問文

□ check !

「〜ですか」と相手に何かをたずねる文を疑問文といいます。

疑問文の最後にはクエスチョンマーク（**?**）を置きます。

疑問文には① Yes / No 疑問文と②疑問詞疑問文（→ p.109 参照）があります。

ここでは Yes / No 疑問文のつくり方を説明します。

1. be 動詞・助動詞を含む文

主語と be 動詞・助動詞の位置をひっくりかえしてつくります。

文の最後にはクエスチョンマーク（**?**）を置きます。

▶ You are happy.　　　　→　　　　　**Are you** happy **?**

▶ You can swim.　　　　→　　　　　**Can you** swim **?**

2. 一般動詞を含む文

do または **does** を文の先頭にもってきます。

否定文の場合と同様、主語に合わせて **do** と **does** を使い分けます。

文の最後にはクエスチョンマーク（**?**）を置きます。

▶ You like dogs.　　　　→　　　　Do you like dogs **?**

▶ He likes dogs.　　　　→　　　　Does he like dogs **?**

ドリルでトレーニング！

解答＆解説 ▶ 別冊 P.005

1. 次の（　　）内の語を並べ替えて、英文を完成させてください。

(1)（ you / cats / like / do ）？

_____

(2)（ Mr. Huston / not / speak / Japanese / does ）.

_____

(3)（ happy / Ms. Hasegawa / is / very ）.

_____

(4)（ love / I / hometown / my ）.

_____

(5)（ can't / eat / they / natto ）.

_____

2. 次の日本語を英語にしてください。

(1) 彼らは一緒にお昼を食べない。

_____

(2) 私たちの会社は大きな事務所を所有している。

_____

(3) あなたは今幸せですか。

_____

(4) 部長と私（**my manager and I**）は京都に飛行機で行く。

_____

TOEIC レベルにチャレンジ！

time limit
2 min.

score
/4

🎧 07

解答＆解説 ▶ 別冊 P.005

空欄に入る適切な語句を選んでください。
解き終えたら音声に合わせて音読してみましょう。

1. He can't ------- a letter in English.

(A) writing
(B) not write
(C) am write
(D) write ⒜ⒷⒸⒹ

2. ------- you full or do you want to eat something ?

(A) Do
(B) Are
(C) Is
(D) Does ⒜ⒷⒸⒹ

3. I ------- a cup of coffee every morning.

(A) drink
(B) not drink
(C) am drink
(D) doesn't drink ⒜ⒷⒸⒹ

4. ------- Mr. Gordon and I need to go there by plane?

(A) Are
(B) Does
(C) Do
(D) Isn't ⒜ⒷⒸⒹ

---

column | スコア アップの コツ

文法用語を覚えると得⁉

この本にはできる限り、文法用語を盛り込んでいます。
「文法用語なんて難しいからイヤだ」という方もいるかもしれません。
でも、ちょっと考えてみてください。
たとえばトランプゲームをするときに、
もし「ハートのエース」という用語がなかったらどうなるでしょうか。
「赤くてマルのような三角のような図形がひとつ描かれたカード」
と長い説明をすることになって、かえって面倒ですよね。
これと同様に、文法用語は英語のルールを理解するために必要な
「合言葉」です。その合言葉をこの本でしっかりおさえてしまえば、
これからの英語の勉強もスムーズに進められるはずです。

lesson 08 主述の一致

✳ 主述の一致とは

□ check！

英語には主語の形に合わせて、述語動詞の形を変える、「主述の一致」というルールがあります。
主述の一致をマスターするためには
主語の「数」と「人称」をおさえておく必要があります。
「数」は単数か複数かの違いです（→ p.12「lesson 01 名詞」を参照）。
「人称」には「1 人称・2 人称・3 人称」の 3 つがあります。

「1 人称」は「私」(I)「私たち」(we) など話し手（自分）自身を指す語、
「2 人称」は「あなた（たち）」(you) という相手を指す語、
「3 人称」は話し手（自分）と相手以外を指す「彼、彼女、それ」などの語です。

✳ be 動詞の場合

be 動詞は数と人称にあわせて、**am / is / are** を使い分けます。

	単数	複数
主語が 1 人称	I am	We are
主語が 2 人称	You are	
主語が 3 人称	He［She / This / That / It / 単数名詞］is	They［These / Those / 複数名詞］are

また、過去時制の場合も数と人称にあわせて **was / were** を使い分けます。

	単数	複数
主語が 1 人称	I was	We were
主語が 2 人称	You were	
主語が 3 人称	He［She / This / That / It / 単数名詞］was	They［These / Those / 複数名詞］were

過去形については「lesson 10 過去形と現在完了形」（p.52）で詳しく紹介します。

✳ 一般動詞の場合

一般動詞は人称と数にあわせて、「原形」と「語尾に s がついた形」を使い分けます。
現在形で主語が **3 人称単数**の時、動詞の後ろに s がつくというルールがあります。
これを「3 人称単数現在形の **s**」略して「**3 単現の s**」と呼びます。
ただし **have** の 3 人称単数現在形は **has** になるので注意。

※ s のつけ方のルールは「lesson 12 動詞の変形」（p.60）参照。

主語	動詞の形
I（1 人称）	swim
You（2 人称）	swim
Taro / My brother / He / She などの 3 人称単数	swims
Taro and Yuki / We / They などの 3 人称複数	swim

<table>
<tr><td>ドリルでトレーニング！</td><td>⏱ time limit
10min.</td><td>score
/8</td></tr>
</table>

解答 & 解説 ▶ 別冊 P.006

1. 次の語句が主語の時の be 動詞は何でしょうか。

(1) He

現在形：_____　　　　過去形：_____

(2) You and I

現在形：_____　　　　過去形：_____

(3) They

現在形：_____　　　　過去形：_____

2. 次の語句の中で、3 人称単数なのはどれですか。○で囲んでください。

I　　you　　he　　they　　a cat　　happiness　　dogs　　it　　we

this pen　　the earth　　our pet　　her computers　　useful tools

3. 次の英文を指示に従って書き換えてください。

I speak Japanese.　「私は日本語を話す」

(1) 主語を「あなた」に　_____

(2) 主語を「彼女」に　_____

(3) 主語を「私たち」に　_____

(4)「私たちは日本人です」という文に

_____

TOEIC レベルにチャレンジ！

time limit
2 min.

score
／ 4

08

解答＆解説 ▶ 別冊 P.006

空欄に入る適切な語句を選んでください。
解き終えたら音声に合わせて音読してみましょう。

1. Mr. Tanaka and I ------- in Amsterdam now.

(A) am
(B) is
(C) are
(D) were

Ⓐ Ⓑ Ⓒ Ⓓ

2. One of the staff members ------- a lot of experience.

(A) has
(B) is
(C) have
(D) are

Ⓐ Ⓑ Ⓒ Ⓓ

3. Both you and I ------- sushi.

(A) love
(B) loves
(C) loving
(D) to love

Ⓐ Ⓑ Ⓒ Ⓓ

4. ------- Dr. Johnson and his assistants in the laboratory now ?

(A) Is
(B) Do
(C) Does
(D) Are

Ⓐ Ⓑ Ⓒ Ⓓ

---

column	スコアアップのコツ

「主述の一致」のポイント

TOEIC L&R テストで「主述の一致」が問われる場合、主語が長い文や、主語の後ろに長い句や節が続いていて、主語が特定しにくい文がほとんどです。

▶ Topics at the business writing workshop are very difficult.

上の文では Topics が主語です。主語に複数の s がついているので動詞は are となります。at the business writing workshop は Topics を修飾する前置詞句なので、動詞の直前の workshop は主語にならないので注意しましょう。

PART 3

時間を表すルール

英語では日本語とは少し違った
「時間」のとらえ方をします。
このPARTでは英語の時間のとらえ方とそれを表現するルールを
ひとつひとつ詳しく紹介していきます。

[時制]

Lesson 09 現在形と現在進行形

date.1 　　　　/ 　　　　date.2 　　　　/

check！ ☐ 現在形と現在進行形の形と意味をおさえる。
☐ 現在形と現在進行形の違いをおさえる。

✳ 現在形とは ☐ check！

「今」を表す現在形は、主に次の2つの意味を表します。

① 習慣
▶ **I drink a cup of coffee every morning.**　　　　私は毎朝コーヒーを飲む。

② 事実
▶ **The earth is round.**　　　　地球は丸い。

否定文・疑問文のつくり方

be 動詞

否定文	be 動詞の後ろに not を入れる。	例 She is not [isn't] Japanese.
疑問文	主語と be 動詞をひっくりかえす。	例 Is she Japanese？

一般動詞

否定文	動詞の前に don't [do not] を入れる。 3人称単数が主語の時には doesn't [does not] を入れる。この時、動詞は原形。	例 I don't speak Japanese. 例 She doesn't speak Japanese.
疑問文	主語の前に do を入れる。 3人称単数が主語の時には does を入れる。この時、動詞は原形。	例 Do you speak Japanese？ 例 Does she speak Japanese？

✳ 現在進行形とは

☐ check !

「今現在、進行していること」を表す現在進行形は主に次の 2 つの意味を表します。

① 今まさに行なわれている動作

▶ She is making a cake now.   彼女は今ケーキをつくっている。

② ほぼ確定している近い未来の予定

▶ I'm meeting him this afternoon.   私は今日の午後彼に会う。

動詞の形は 〈be 動詞＋動詞の -ing 形〉 です。
be 動詞は主語の種類や数によって変わります（→ p.42 「lesson 08 主述の一致」を参照）。

否定文・疑問文のつくり方

否定文	be 動詞の後ろに not を入れる。	例 She is not [isn't] sleeping.
疑問文	主語と be 動詞をひっくりかえす。	例 Is she sleeping ?

✳ 現在形と現在進行形の違い

☐ check !

現在形（特に「習慣」を表すとき）は、always「いつも」や every day「毎日」などの
「頻度（ひんど）」を表す表現と一緒に使います。
それに対して、現在進行形は now「今」や this afternoon「今日の午後」などの
「時」を表す表現と一緒に使います。
いつのことを話すのか、という基準で考えてみると、
どちらの時制を使うべきかがわかります。

<table>
<tr><td rowspan="2">ドリルでトレーニング！</td><td>⏱ time limit</td><td>📄 score</td></tr>
<tr><td>10 min.</td><td>/10</td></tr>
</table>

解答＆解説 ▶ 別冊 P.007

1. 次の英文を指示に従って書き換えてください。

(1) **You are a system engineer.**

　　否定文に：＿＿＿＿＿＿＿＿＿＿＿＿＿＿＿＿＿＿＿＿＿＿＿

　　疑問文に：＿＿＿＿＿＿＿＿＿＿＿＿＿＿＿＿＿＿＿＿＿＿＿

(2) **Tourists are walking side by side on this street.**

　　否定文に：＿＿＿＿＿＿＿＿＿＿＿＿＿＿＿＿＿＿＿＿＿＿＿

　　疑問文に：＿＿＿＿＿＿＿＿＿＿＿＿＿＿＿＿＿＿＿＿＿＿＿

(3) **The doctor talks to his patients carefully.**

　　否定文に：＿＿＿＿＿＿＿＿＿＿＿＿＿＿＿＿＿＿＿＿＿＿＿

　　疑問文に：＿＿＿＿＿＿＿＿＿＿＿＿＿＿＿＿＿＿＿＿＿＿＿

2. 次の（　　）内から適するものを選び、○で囲んでください。

(1) The earth (is / is being / are) round.

(2) (Be sit / Sit / Be sitting) down, please.

(3) He (sleeping / sleeps / is sleeping) now in his room.

(4) Every Monday, the man (go / going / goes) to the gym.

TOEIC レベルにチャレンジ！

⏱ time limit **2** min.　　📋 score ___/4　　🎧 09

解答＆解説 ▶ 別冊 P.007

空欄に入る適切な語句を選んでください。
解き終えたら音声に合わせて音読してみましょう。

1. Our manager ------- out many errors and problems at every meeting.

(A) point
(B) points
(C) pointing
(D) is pointing

Ⓐ Ⓑ Ⓒ Ⓓ

2. The waitress ------- food right now.

(A) is served
(B) is serving
(C) serve
(D) serves

Ⓐ Ⓑ Ⓒ Ⓓ

3. ------- he putting on his jacket ?

(A) Are
(B) Does
(C) Do
(D) Is

Ⓐ Ⓑ Ⓒ Ⓓ

4. The man is ------- out the merchandise from the rack.

(A) pick
(B) picking
(C) picks
(D) being pick

Ⓐ Ⓑ Ⓒ Ⓓ

PART

3

時間を表すルール［時制］

---

column	スコア アップの コツ

勉強する場所選びも大切

みなさんは今どこで勉強をしていますか。「静かなところで机に向かってやらなければ！」と思い込んでいませんか。集中できる場所は人によってさまざま。カフェや電車の中など人が集まる場所の方が、かえってリラックスして集中できるという人もいます。みなさんが「テキストを開いてみよう」「音声を聞いてみよう」という前向きな気持ちがもてる場所を探してみてください。お気に入りの場所ができると、さらに勉強したい気持ちが高まりますよ。

lesson 09

現在形と現在進行形

Lesson 10 過去形と現在完了形

date.1　　　　　　／　　　　date.2　　　　　／

check !　　□ 過去形と現在完了形の形と意味をおさえる。
　　　　　　□ 過去形と現在完了形の違いをおさえる。

✳ 過去形とは　　　　　　　　　　　　　　　□ check !

過去形は過去の出来事を表します。
日本語では「〜た」「〜した」と動詞の語尾を変えるだけで過去を表せますが、
英語の動詞を過去にするときには、その動詞自体の形が変わります。

動詞の変形の仕方は次の3種類です。

① 原形　　② 過去形　　③ 過去分詞形

※③の過去分詞形は「現在完了形」「過去完了形」「受動態」「分詞」のページに登場しますが、
過去形と合わせて覚えておくと便利です。詳しくは「lesson 12 動詞の変形」（p.60）を参照。

一般動詞の否定文と疑問文は do / does の代わりに did を使ってつくります。

▶　I didn't have breakfast this morning.　　今朝、私は朝食を食べなかった。
▶　Did you see the game yesterday ?　　あなたは昨日の試合を見ましたか。

過去形は yesterday（昨日）、two years ago（2年前）などの
過去を表す語句と一緒に使われるのが通例です。

✳ 現在完了形とは　　　　　　　　　　　　□ check !

現在完了形とは、過去から今に至るまでに
やったことがある・やりつづけている・やり終わったことを表します。
動詞の形は 〈have[has]＋過去分詞形〉 です。

現在完了が表せるのは次の 3 つの意味です。

① 経験：**never、ever や回数を表す語句などと一緒に使われる。**

▶ **I have played the cello once.** 　私は一度チェロを弾いたことがある。（今までに）

② 継続：**for 〜 / since 〜などと一緒に使われる。**

▶ **They have studied English for 3 years.** 　彼らは英語を 3 年間勉強している。（今もずっと）

③ 完了：**just / already / yet などと一緒に使われる。**

▶ **I have just finished writing the report.** 　私はレポートを書き終わった。（たった今）

否定文は、have［has］のあとに **not** を入れます。

疑問文は、**Have［Has］**で文を始めて、**Have you 〜？/ Has he 〜？** などとします。

▶ **I haven't eaten breakfast yet.** 　私はまだ朝食を食べていない。

▶ **Have you seen the game？** 　あなたはその試合を見たことがありますか。

✳ 過去形と現在完了形の違い

☐ check !

<u>現在完了は述べる内容が現在とつながっていることを表します。</u>

現在とつながっているので、現在完了では過去で終わってしまっていることは表せません。

　✕ I have gone to Shibuya <u>yesterday</u>.

　〇 I was busy <u>yesterday</u>. 　　　私は昨日忙しかった。（今は忙しくない）

　〇 I have been busy <u>since yesterday</u>. 　私は昨日からずっと忙しい。（今も忙しい）

一番上の文には yesterday「昨日」という過去を表すことばが入っているので、現在完了形は使えません。最後の文は since「〜以来」という表現が入っているので現在完了が使えます。

| ドリルでトレーニング！ | time limit
10min. | score
／11 |

解答&解説 ▶ 別冊 P.007

1. 次の日本語を英語にする時、適した時制はどちらでしょうか。線で結んでください。

(1) 私は昨日遅くに帰宅した。　　　　　　　　　　　●

(2) 彼は一度も会議に出たことがない。　　　　　●　　　　　　　●　過去形

(3) 彼らは今まで 10 年間東京に住んでいる。　●

(4) 彼らは 10 年前大阪に住んでいた。　　　　　●　　　　　　　●　現在完了形

(5) たった今、手紙を書き終えた。　　　　　　　●

2. 次の（　　）内から適するものを選び、○で囲んでください。
　　選ぶ際には下線を引いた部分をヒントにしましょう。

(1) I (have been / is / am) sick <u>since last weekend</u>.

(2) <u>Last month</u>, we (have been / gone / went) to Sydney.

(3) I (not eat / don't eat / haven't eaten) anything <u>since yesterday</u>.

(4) (Do / Are / Have) you <u>been</u> to Los Angeles <u>before</u> ?

(5) We (aren't / don't / haven't) <u>seen</u> each other <u>for a long time</u>.

(6) I (have heard / hear / heard) this story <u>twice</u>.

TOEIC レベルにチャレンジ！	⏱ time limit **2** min.	🗐 score /4	🎧 10

解答＆解説 ▶ 別冊 P.008

空欄に入る適切な語句を選んでください。

解き終えたら音声に合わせて音読してみましょう。

1. They have never ------- a meeting in Japan.

(A) hold
(B) held
(C) been held
(D) holding   Ⓐ Ⓑ Ⓒ Ⓓ

2. A famous actress in Japan ------- to France last year.

(A) go
(B) goes
(C) went
(D) gone   Ⓐ Ⓑ Ⓒ Ⓓ

3. Several months have passed ------- he came to Chicago.

(A) in
(B) since
(C) for
(D) at   Ⓐ Ⓑ Ⓒ Ⓓ

4. ------- you finished writing a budget proposal yet ?

(A) Have
(B) Did
(C) Do
(D) Are   Ⓐ Ⓑ Ⓒ Ⓓ

column	スコア アップの コツ

消去法もうまく使おう！

TOEIC L&R テストの文法問題は選択肢４つの中から答えを選びます。

「これが正解！」と即座にわかる場合はそれで OK。

どんどん先に進んでください！

でも、「あれ？　よくわからないぞ」と迷った場合は

消去法を使ってみましょう。

練習問題の解説では、間違っている選択肢を見つけるポイントや、

間違いだと判断した根拠もできるだけ詳しく説明しています。

解説をよく読んで、それをマネするつもりで

問題にチャレンジしてみるとよいでしょう。

_{lesson} 11 過去進行形と過去完了形

check !　　☐ 過去形と過去進行形の違いをおさえる。
　　　　　　☐ 過去完了形の形と意味をおさえる。

✳ 過去進行形とは　　　　　　　　　　　　☐ check !

過去進行形は「過去のある時点で起こっていたこと」を表します。

動詞の形は <u>〈be 動詞の過去形＋動詞の -ing 形〉</u> で現在進行形にそっくりです。
be 動詞は主語の種類や数に応じて **was** と **were** を使い分けます。
※動詞の -ing 形については「現在進行形」（p.49）、「lesson 12 動詞の変形」（p.60）を参照。

▶ I was writing a letter then.　　　　　　私はその時手紙を書いていた。
▶ Many children were swimming in the pool.　たくさんの子どもたちがプールで泳いでいた。

否定文・疑問文のつくり方
否定文と疑問文のつくり方も、**be** 動詞が過去形になるだけで、現在進行形と同じです。

否定文	be 動詞の後ろに not を入れる。	例 She was not [wasn't] sleeping then.
疑問文	主語と be 動詞をひっくりかえす。	例 Was she sleeping then ?

過去進行形は、過去のある時点での様子を表すので
その過去の時点を示すために接続詞 when がよく一緒に使われます。

過去形は過去に終わった動作や出来事を表すのに対し、
<u>過去進行形は「あの時〜していた」という動きのある出来事の描写</u>をします。

▶ I read a book yesterday.　　　　　　　　私は昨日、本を読んだ。
▶ I was reading a book <u>when</u> the phone rang.　電話が鳴った時、私は本を読んでいた。

過去形が「写真」「静止画」で、過去進行形が「動画」というイメージです。

✳ 過去完了形とは

☐ check !

過去完了形は「過去のある時点までに完了したこと」、

あるいは「過去のある時点まで継続していたこと」を表します。

動詞の形は 〈had ＋過去分詞形〉 です。

否定文は、had のあとに not を入れてつくります。

疑問文は、Had で文を始めて、Had you ～ ? などとします。

過去の時点で終わっているという点が大切なので

同じ文の中に過去形や過去を表す語句、

または時を表す接続詞 when、before、until や前置詞 by などがあることがポイントです。

※過去分詞形については「lesson 12 動詞の変形」（p.60）を参照。

▶ I had already eaten lunch by the time the bell rang.

ベルが鳴るときまでには、私は昼食をすでに食べ終わっていた。

▶ I had finished writing the novel by the time the editor came here.

編集者がここに来るまでには、私はすでに小説を書き終えていた。

ドリルでトレーニング！

time limit **10** min.

score ／7

解答＆解説 ▶ 別冊 P.008

1. 次の文の時制は何でしょうか。適切なものを線で結んでください。

(1) By the time I left, the sun had set.　　　　　●　　　　　　　●　過去形

(2) He moved to Tokyo ten days ago.　　　　　●　　　　　　　●　過去進行形

(3) He was taking a shower when the phone rang.　●　　　　　　　●　過去完了形

2. 次の（　　）内から適するものを選び、○で囲んでください。
また完成した英文を日本語に訳してください。

(1) Last weekend, we (were going / went / had gone) to see a movie.

日本語訳：_____

(2) (Were / Did / Have) you waiting for the bus here ?

日本語訳：_____

(3) I (did / was / had) never used a computer until then.

日本語訳：_____

(4) (Did / Have / Had) you submit the report yesterday ?

日本語訳：_____

TOEIC レベルにチャレンジ！

⏱ time limit
2 min.

📄 score
/ 4

🎧 11

解答＆解説 ▶ 別冊 P.009

空欄に入る適切な語句を選んでください。
解き終えたら音声に合わせて音読してみましょう。

1. ------- he working when you came to the office this morning ?

(A) Does
(B) Did
(C) Is
(D) Was

Ⓐ Ⓑ Ⓒ Ⓓ

2. A customer ------- me the day before yesterday.

(A) call
(B) calls
(C) called
(D) had called

Ⓐ Ⓑ Ⓒ Ⓓ

3. My coworkers ------- by the time I got to the office.

(A) gone
(B) have gone
(C) had gone
(D) were going

Ⓐ Ⓑ Ⓒ Ⓓ

4. His presentation had already finished ------- I got to the room.

(A) when
(B) by
(C) after
(D) since

Ⓐ Ⓑ Ⓒ Ⓓ

---

column	スコア アップの コツ

状況をイメージしながら覚える

このテキストでは、文法を解説するために多くの例文を挙げています。
それは、例文を覚えることが、文法を覚えることにつながるからです。
例文を見ながら、ぜひ実践してもらいたいのは、
例文の登場人物や場面を「イメージする」こと。
頭の中で状況がはっきりとイメージできれば、記憶に残り、
思い出すことも簡単にできます。テキストを閉じた後に、
思い浮かべたイメージが頭に残っていれば大成功です。

Lesson 12 動詞の変形

check !
- ☐ ing 形と規則動詞の変形ルールをおさえる。
- ☐ 不規則動詞の変形のパターンを覚える。

✽ 音と変形のルール

ここでは動詞の変形の仕方についてまとめておきます。
動詞の語尾の音の違いと変化のルールには深い関係があるので、
まずは英語の「母音」「子音」という音についておさえておきましょう。

① 母音＝a / i / u / e / o の音
＊「短母音」というのは、短く発音される a / i / u / e / o のことです。

② 子音＝a / i / u / e / o 以外の音

この音の違いを理解した上で、変形のルールを見ていきましょう。

✽ 一般動詞と３単現の s

主語が３人称・単数で現在形のときに一般動詞の語尾につく
「３単現の s」はすでに紹介しました（→ p.42「lesson 08 主述の一致」を参照）。
ここでは s のつけ方のルールをまとめておきます。

① s、o、x、sh、ch で終わる動詞：-es をつける
例 miss→misses / fix→fixes / touch→touches / finish→finishes / go→goes

② 〈子音字＋y〉で終わる動詞：y を i にして -es をつける
例 carry→carries / try→tries / study→studies

③ 特別な変化をする動詞：have を has に変える

④ それ以外の動詞：そのまま -s をつける
例 eat→eats / love→loves / take→takes / know→knows

✳ -ing 形

① 〈子音字＋e〉で終わる動詞：<u>e をとって -ing をつける</u>

　例 make→making / take→taking / bake→baking

② 〈1 母音字＋ 1 子音字〉で終わる動詞：<u>最後の子音字を重ねて、-ing をつける</u>

　例 get→getting / run→running / sit→sitting

③ ie で終わる動詞：<u>ie を y にして -ing をつける</u>

　例 die→dying / lie→lying

④ それ以外の動詞：<u>そのまま -ing をつける</u>

　例 walk→walking / drink→drinking / eat→eating

✳ 一般動詞の -ed 形

動詞の語尾に -ed をつけて過去形と過去分詞形をつくるパターンです。

① e で終わる動詞：<u>-d だけをつける</u>

　例 bake→baked / love→loved

② 〈子音字＋ y〉で終わる動詞：<u>y を i にして -ed をつける</u>

　例 carry→carried / study→studied

③ 〈1 母音字＋ 1 子音字〉で終わる動詞：<u>最後の子音字を重ねて、-ed をつける</u>

　例 stop→stopped / drop→dropped

④ それ以外の動詞：<u>そのまま -ed をつける</u>

　例 walk→walked / look→looked

✳ be 動詞の変形

be 動詞の変化について過去分詞形も含めてまとめておきましょう。

主語	原形	現在形	過去形	過去分詞形
I		am	was	
3 人称・単数	be	is		been
you・複数		are	were	

✳ 不規則に変化する動詞

過去形、過去分詞形にする際に不規則に変化するものをまとめておきましょう。

意味	原形	過去形	過去分詞形
切る	cut	cut	cut
お金がかかる	cost	cost	cost
傷つける	hurt	hurt	hurt
置く	put	put	put
辞める	quit	quit	quit
閉める	shut	shut	shut
～になる	become	became	become
来る	come	came	come
走る	run	ran	run
持ってくる	bring	brought	brought
買う	buy	bought	bought
つかまえる	catch	caught	caught
考える	think	thought	thought
感じる	feel	felt	felt
見つける	find	found	found
忘れる	forget	forgot	forgotten
得る	get	got	gotten
つるす	hang	hung	hung
持っている	have	had	had
聞こえる	hear	heard	heard
つかむ	hold	held	held
保つ	keep	kept	kept
去る	leave	left	left
貸す	lend	lent	lent
失う	lose	lost	lost

意味	原形	過去形	過去分詞形
作る	make	made	made
会う	meet	met	met
払う	pay	paid	paid
読む	read	read	read
言う	say	said	said
売る	sell	sold	sold
送る	send	sent	sent
座る	sit	sat	sat
眠る	sleep	slept	slept
費やす	spend	spent	spent
伝える	tell	told	told
理解する	understand	understood	understood
勝つ	win	won	won
～である	be	was/were	been
する	do	did	done
見る	see	saw	seen
行く	go	went	gone
着る	wear	wore	worn
選ぶ	choose	chose	chosen
食べる	eat	ate	eaten
落ちる	fall	fell	fallen
与える	give	gave	given
上がる	rise	rose	risen
知っている	know	knew	known
書く	write	wrote	written

ドリルでトレーニング！

🎧 12

動詞の活用表を完成させてください。解き終えたら左ページを見ながら正解を確認しましょう。音声も活用して、しっかり覚えてください。

意味	原形	過去形	過去分詞形
切る			
お金がかかる			
傷つける			
置く			
辞める			
閉める			
〜になる			
来る			
走る			
持ってくる			
買う			
つかまえる			
考える			
感じる			
見つける			
忘れる			
得る			
つるす			
持っている			
聞こえる			
つかむ			
保つ			
去る			
貸す			
失う			

意味	原形	過去形	過去分詞形
作る			
会う			
払う			
読む			
言う			
売る			
送る			
座る			
眠る			
費やす			
伝える			
理解する			
勝つ			
〜である			
する			
見る			
行く			
着る			
選ぶ			
食べる			
落ちる			
与える			
上がる			
知っている			
書く			

PART

3

時間を表すルール［時制］

Lesson 12

動詞の変形

Lesson 13 未来を表す表現

date.1 ／ date.2 ／

check ! □ 未来を表す代表的な表現をおさえる。
□ will と be going to の違いとそれぞれの表現の使い方をおさえる。

✳ 未来を表す表現とは □ check !

未来を表す表現には次の 2 種類があります。

① 助動詞 will ＋動詞の原形
② be going to ＋動詞の原形

どちらも「未来の予定」について表せますが、
どれだけ予定が確定しているかの確率が少し違います。

✳ will と be going to の違い □ check !

予定が確実なものかどうかの度合に応じて、2 つの表現を使い分けます。
<u>will</u> は「話し手がぼんやりと予定していること」、
<u>be going to</u> は「ほぼ確定している予定」を表すときに使います。
「ほぼ確定している」というのは
あらかじめスケジュールが決まっていたり、
理由や原因がはっきりしていたりするということです。

▶ **I think I will visit New York next month.**　私は来月ニューヨークを訪れると思う。
（まだぼんやりした予定）

▶ **I'm going to visit New York next month.**　私は来月ニューヨークに行きます。
（ほぼ確定したはっきりした予定）

will はぼんやりした予定を表すので、
「〜と思う（I think）」や「たぶん（maybe）」などの表現と一緒に使われることが多いです。

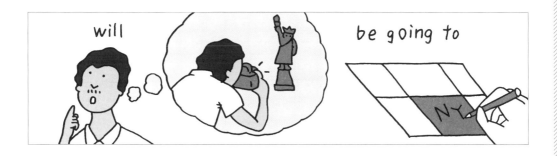

Basic English Grammar Exercises
to improve your TOEIC L&R TEST score

PART

3

時間を表すルール［時制］

Lesson 13

未来を表す表現

また、その場でした提案や約束は will、
話す前からするつもりでいたことや根拠がはっきりしていることは
be going to を使って表します。例文で確認しておきましょう。

① **See you！ I**'ll **call you tonight.** 〈その場でした提案〉
　じゃあね。今夜電話するね。

② **"Keep trying！" "Okay, I will."** 〈その場でした提案〉
　「続けてね！」「うん、そうするわ」

③ **We** aren't going to **work tomorrow.** 〈あらかじめ決まっていること〉
　私たちは明日仕事をしません。

④ **Look at the cloud. It**'s going to **rain！** 〈根拠がはっきりしていること〉
　あの雲をみて。雨が降りそう。※今にも雨が降りそうな雨雲が発生しているなど根拠がある場合に使う。

ドリルでトレーニング！

⏱ time limit
10 min.

📄 score
／10

解答＆解説 ▶ 別冊 P.009

1. 次の英文を指示に従って書き換えてください。

(1) I stay home.
　　① be going to を使って「今夜」の予定に

_____

　　② will を使って「今夜」の予定に

_____

(2) She doesn't work.
　　① be going to を使って「今夜」の予定に

_____

　　② will を使って「今夜」の予定に

_____

2. 次の（　　）内から適するものを選び、◯で囲んでください。
　　また完成した英文を日本語に訳してください。

(1) "Look at the sky！" "It（is going to / will）rain."

　日本語訳：_____

(2) "Why are you putting on your jacket ?"
　　"I（am going to / will）buy some milk at the supermarket."

　日本語訳：_____

(3) "Oh, no！ I forgot my wallet." "Okay, I（am going to / will）buy you lunch.

　日本語訳：_____

TOEIC レベルにチャレンジ！

⏱ time limit **2** min.

📋 score /4

🎧 13

解答＆解説 ▶ 別冊 P.009

空欄に入る適切な語句を選んでください。
解き終えたら音声に合わせて音読してみましょう。

1. What ------- you going to do this weekend ?

(A) do
(B) are
(C) were
(D) will

Ⓐ Ⓑ Ⓒ Ⓓ

2. The directors at London branch ------- leave tomorrow morning. Their plane is at 9 A.M.

(A) is going to
(B) are going to
(C) was going to
(D) will

Ⓐ Ⓑ Ⓒ Ⓓ

3. I'm not ready so I ------- be late for the meeting.

(A) will
(B) am going to
(C) was
(D) did

Ⓐ Ⓑ Ⓒ Ⓓ

4. I think it ------- tonight.

(A) rain
(B) rained
(C) will rain
(D) is raining

Ⓐ Ⓑ Ⓒ Ⓓ

---

column	スコアアップのコツ

間違えたところこそ重要！

これまでさまざまな問題を解いてきましたが、手応えはどうでしたか。正解した問題の数だけに注目しがちですが、本当に重要なのは「間違えた問題をどうするか」です。

間違えたところをそのままにしてしまうと、「できなかった→難しい→苦手」という負のスパイラルに陥りがちです。間違えたところは、まず解説をじっくり読んでポイントを理解してください。それからもう一度チャレンジしてみて！　今度はもう間違えないはずです。

しっかり見直せば弱点は強みに変わります。それをどうか忘れないで。

PART 4

情報をプラスする表現

単純な文だけでは伝えきれないことがあります。
ここでは単語や文にさまざまな要素を追加して、
くわしく、ていねいに相手に情報を伝えるための
ルールを紹介します。

[修飾]

^{lesson} # 14 分詞

date.1   /   date.2   /

check！   ☐ 分詞の形と種類をおさえる。
             ☐ 現在分詞と過去分詞の違いをおさえる。

✳ 分詞とは   ☐ check！

分詞は、動詞の「一部分」となる役割や名詞を修飾する形容詞の役割を果たします。
分詞の種類は次の 2 種類です。

① 現在分詞　② 過去分詞

現在分詞は動詞に -ing をつけた形。
そして過去分詞は動詞の過去形と一緒に覚えた、あの過去分詞です。
※「lesson 12 動詞の変形」（p.60）を参照。

✳ 現在分詞と過去分詞の違い   ☐ check！

分詞を動詞の一部として使う場合には、次のように使います。

> 現在進行形＝be 動詞＋現在分詞
> 現在完了形＝have＋過去分詞
> 過去完了形＝had＋過去分詞
> 受動態＝be 動詞＋過去分詞

このように、分詞は前に何かを置いて述語動詞の役割を果たします。
TOEIC L&R テストの Part 5、Part 6 の穴埋め問題で出題されたときは
空欄の直前にヒントがあると意識してみてください。

名詞を修飾する分詞は、次のように名詞の前に置かれます。
▶ **a sleeping baby**   ▶ **a broken toy**
    眠っている赤ちゃん　　　　壊されたおもちゃ

ただし、分詞に修飾語がくっついて長くなっている場合には、名詞の後ろに続けます。

▶ **a baby** sleeping in the bed　　ベッドの中で眠っている赤ちゃん
▶ **a toy** broken by John　　ジョンによって壊されたおもちゃ

現在分詞と過去分詞のどちらかを選ぶ問題は、**TOEIC L&R** テストでよく出題されます。
解答の決め手は、修飾される名詞と分詞の意味関係です。

「～する・している」という意味関係の場合は現在分詞、
「～される・られる」という意味関係の場合は過去分詞を使うというのが基本的な考え方です。

上の例でいうと、次のように考えます。
赤ちゃん→　○ 眠る　　✕ 眠らされる　　→　現在分詞
おもちゃ→　○ 壊される　✕ (勝手に)壊れる　→　過去分詞

ここで覚えておきたいのは「感情を表す」動詞の分詞です。
英語では surprise（驚き）、excite（興奮）、satisfy（満足）など
人の感情を表す動詞は、日本語と違って
「驚かせる」「興奮させる」「満足させる」という意味の他動詞です。

なので、人を修飾する場合には「驚かせ」＋「られる（過去分詞）」、
ものやことを修飾する場合には「驚かせ」＋「ている（現在分詞）」を使います。

▶ I talked to many <u>people</u> surprised at the news.（人←過去分詞）
　　　　　　　　　　私はそのニュースに驚かされた多くの人々と話した。
▶ I heard the <u>news</u> surprising many people.（もの←現在分詞）
　　　　　　　　　　私は多くの人々を驚かせたニュースを聞いた。

ドリルでトレーニング！

解答＆解説 ▶ 別冊 P.010

1. 次の 〈　〉 内の動詞を適する形に変えて空欄に書いてください。

(1) I read an _____ article in the newspaper.　　〈interest（興味をもたせる）〉

(2) Why do you have a _____ computer ?　　〈break（壊す）〉

(3) We received a letter _____ by our manager.　　〈write（書く）〉

(4) A lot of _____ people are dancing on the street.　　〈excite（興奮させる）〉

(5) These are cars _____ from Germany.　　〈import（輸入する）〉

2. 次の英文を日本語に訳してください。

(1) We watched an exciting game yesterday.

_____

(2) Who is the man standing over there ?

_____

(3) They want to get the personal information included in this database.

_____

(4) I like the dishes cooked by John.

_____

| TOEIC レベルにチャレンジ！ | ⏱ time limit 2 min. | 𝄜 score /4 | 🎧 14 |

解答&解説 ▶ 別冊 P.010

空欄に入る適切な語句を選んでください。
解き終えたら音声に合わせて音読してみましょう。

1. Professor Jones made a ------- discovery last year.

(A) surprise
(B) surprised
(C) surprising
(D) surprisingly

Ⓐ Ⓑ Ⓒ Ⓓ

2. Do you know the woman ------- to our boss?

(A) talk
(B) talked
(C) talking
(D) talker

Ⓐ Ⓑ Ⓒ Ⓓ

3. She showed us a lot of pictures ------- in Italy eight years ago.

(A) take
(B) took
(C) taken
(D) taking

Ⓐ Ⓑ Ⓒ Ⓓ

4. Some of the guests ------- to the party came late.

(A) invite
(B) invited
(C) inviting
(D) invitation

Ⓐ Ⓑ Ⓒ Ⓓ

| column | スコア アップの コツ | 振り返って成果を確認！ |

勉強を続けていると途中で気が抜けてしまうことがあります。
そんな時、勉強のモチベーションをあげるのは「振り返り」です。
自分がこれまでどのくらい時間とエネルギーを費やしてきたのか、
何ができるようになったのかを振り返るのです。
できればそれをだれかに話したり、日記に書いてみたりしましょう。
そうすることで客観的に成果を実感することができ、またやる気が
わいてきます。

Lesson 15 関係代名詞

date.1 _____ / _____   date.2 _____ / _____

check !　　☐ 日本語と英語の修飾の仕方の違いをおさえる。
　　　　　☐ 関係代名詞の基本的な機能と種類をおさえる。

✳ 関係代名詞とは　　　　　　　　　　　　　　　☐ check !

関係代名詞とは
「名詞に関係する内容をくわしく説明する」 ために使うことばです。

日本語では人やものを説明することばは名詞の前に置きます。
それに対して、英語では名詞の後ろに説明を続けます。
英語の関係代名詞は 「ここから名詞について詳しい説明が始まりますよ」 という
合図になる大切なことばです。

▶ 【英　語】　<u>the lady</u> who is standing by the window
▶ 【日本語】　窓のそばに立っている<u>女性</u>

上の英文の “**the lady**” と日本語の「女性」の位置に注目してください。
説明されることば（lady「女性」）が英語では先頭に、日本語では最後にきています。
<u>「英語ではまず言いたい名詞を置いてから、後で説明する」</u> という
日本語とは異なるルールがあることをしっかりおさえておきましょう。

✳ 関係代名詞の種類

☐ check !

関係代名詞の前に置かれる名詞（関係代名詞に後ろから説明される名詞）を
「先行詞」といいます。関係代名詞の「先を行く」単語ということです。
この先行詞が <u>人なのかものなのかということが</u>
関係代名詞を使い分ける上での基準になります。

先行詞	主格 （直後に動詞）	目的格 （直後に主語＋動詞）	所有格 （直後に冠詞のない名詞）
人	who	whom	whose
もの	which	which	whose

主格と目的格の関係代名詞は **that** に置き換えることができます。
また、目的格の関係代名詞は省略されることがよくあります。

主格と目的格の関係詞を使う場合、関係代名詞の後ろには、
<u>名詞（主語、目的語、補語）が **1** つ欠けた文（＝不完全な文）が</u>
くるのも大きな特徴です。完全な文、不完全な文については **p.79** で詳しく説明します。

▶ **I work for the company** which **sells computers.**   私はコンピューターを販売する会社に勤めている。
  └── 主語がない

▶ **This is the company** which **I visited last year.**   これが私が昨年訪れた会社だ。
      └── 目的語がない

✳ 関係代名詞 what

☐ check !

このほかに <u>先行詞を含む関係代名詞 what</u> があります。
「先行詞を含む」というのは、「**what** の前に先行詞がない」ということです。
このポイントを問う問題が **TOEIC L&R** テストではよく出題されます。

▶ **I know** what **you want.**   私はあなたが欲しいものを知っている。
▶ **I know** what **is good and** what **is bad.**   よいことと悪いことを知っている。

ドリルでトレーニング！

解答＆解説 ▶ 別冊 P.011

① time limit
10min.

📄 score
／9

1. 次の文の先行詞に二重線（＝＝）、関係代名詞に波線（〰〰）を引いてください。

⑴ I know a man who can speak French.

⑵ We work for a company which sells mobile phones.

⑶ I want to know what you need.

⑷ They live in the house whose roof is red.

2. 次の文の空欄に入る適切な関係代名詞を語群の中から選んで、書いてください。

who / which / whose / whom / what

⑴ Do you know the woman _____ name is Yamada ?

⑵ He is a famous architect _____ designs many beautiful buildings.

⑶ This is a document _____ I wrote yesterday.

⑷ _____ we need is time.

⑸ She is going to meet the customer _____ she called yesterday.

Basic English Grammar Exercises
to improve your TOEIC L&R TEST score

TOEIC レベルにチャレンジ！

⏱ time limit
2 min.

📋 score
／**4**

🎧 15

解答＆解説 ▶ 別冊 P.011

空欄に入る適切な語句を選んでください。
解き終えたら音声に合わせて音読してみましょう。

1. A person ------- always eats fatty food gains weight easily.

(A) who
(B) which
(C) what
(D) whose

Ⓐ Ⓑ Ⓒ Ⓓ

2. I can't believe ------- he said.

(A) which
(B) who
(C) whose
(D) what

Ⓐ Ⓑ Ⓒ Ⓓ

3. Carry is the most beautiful lady ------- I have ever seen.

(A) that
(B) whose
(C) what
(D) she

Ⓐ Ⓑ Ⓒ Ⓓ

4. He is a director ------- daughter is a famous singer.

(A) what
(B) whose
(C) which
(D) who

Ⓐ Ⓑ Ⓒ Ⓓ

PART

4

情報をプラスする表現［修飾］

lesson 15

関係代名詞

column	スコアアップのコツ

くりかえしを楽しんで

「なかなか上達しない ……」というのは英語学習者に共通する悩み。英語は日本語と大きく違うルールをもつ言語ですから、すぐに身につかないのは当然のことです。英語はくりかえし触れていくことで徐々に定着していくもの。ですから、楽しみながら続けられる、自分にあった学習法を見つけることが上達への近道だと言えます。たとえば「聞こえた単語をそっくりマネして発音してみる」「覚えたことを小話にして、友達に話してみる」など、さまざまな方法を試してみてください。

lesson 16 関係副詞

---

date.1 　　　 / 　　　 date.2 　　　 /

---

check ! 　　☐ 関係副詞の機能と種類をおさえる。
　　　　　　☐ 関係代名詞と関係副詞の違いをおさえる。

✳ 関係副詞とは 　　☐ check !

関係副詞とは、「関係のある単語に説明を加える」ときに使うことばです。
関係代名詞の場合と同じように、先行詞の違いによって関係副詞を使い分けます。

✳ when 　　☐ check !

先行詞が時を表すときに使います。

▶ I remember the day when they got married. 　　私は彼らが結婚した日を覚えている。

✳ where 　　☐ check !

先行詞が場所を表すときに使います。

▶ I remember the church where they got married. 　私は彼らが結婚した教会を覚えている。

✳ why 　　☐ check !

先行詞が reason（理由）のときに使います。

▶ I remember the reason why they decided to get married.

私は彼らが結婚することを決めた理由を覚えている。

✳ how 　　☐ check !

先行詞は置かず、方法を説明するときに使います。

▶ I remember how they got married. 　　私は彼らがどのように結婚したかを覚えている。

how は the way に置き換えることもできます。

✳ 関係代名詞と関係副詞の違い

☐ check！

Basic English Grammar Exercises
to improve your TOEIC L&R TEST score

PART

4

情報をプラスする表現［修飾］

lesson 16

関係副詞

TOEIC L&R テストには関係副詞か関係代名詞かを選ぶ問題がよく出題されます。
こうした問題を攻略するポイントは、関係詞の後に続く文に注目することです。
関係副詞の後ろには「完全な文」が、関係代名詞の後ろには「不完全な文」が続きます。

「完全な文」とは必要な名詞（主語、目的語、補語）が
すべてそろっている文のことです。
それに対して、「不完全な文」とは必要な名詞（主語、目的語、補語）が
1 つ欠けている文のことです。

この「完全な文」「不完全な文」という考え方を例文で確認しておきましょう。

①関係副詞 ： **This is the city** where **I lived.** これは私が住んでいた街です。
②関係代名詞： **This is the city** which **I visited.** これは私が訪れた街です。

①の関係副詞に続く文の動詞 lived は自動詞なので
目的語は必要なく、このままで文が成り立ちます。
つまり、不足している名詞がない「完全な文」ということです。

それに対して、②の関係代名詞に続く文の動詞 visited は他動詞なので
目的語が必要ですが、その目的語が見当たりません。
つまり、目的語になる名詞が不足している「不完全な文」ということです。

TOEIC L&R テストで関係詞の問題が出た場合は、
このように関係詞の後ろの文が完全か不完全かをチェックすることで
ケアレスミスをすることなく、しっかり正解が選べるようになります。

| ドリルでトレーニング！ | time limit 10 min. | score /7 |

解答&解説 ▶ 別冊 P.011

1. 次の先行詞とそれに続く適切な関係副詞節を線で結んでください。

(1) the building　•　　　　•　when you were born

(2) the reason　•　　　　•　where he lives

(3) the day　•　　　　•　why she decided to retire

2. 次の文が正しければ○を、誤りがあればその箇所に線を引き、正しい単語を解答欄に書いてください。

(1) This is how the engine works.

_____

(2) We visited the house when the President was born.

_____

(3) The director didn't tell us the reason why he resigned.

_____

(4) Korea is the country which they live.

_____

TOEIC レベルにチャレンジ！

⏱ time limit **2** min.

📋 score ___ / 4

🎧 16

解答＆解説 ▶ 別冊 P.012

空欄に入る適切な語句を選んでください。
解き終えたら音声に合わせて音読してみましょう。

1. This is a suitable area ------- we should build a new plant.

(A) which
(B) where
(C) who
(D) what

Ⓐ Ⓑ Ⓒ Ⓓ

2. I'm curious about ------- Tom got this job.

(A) how
(B) what
(C) the way how
(D) whose

Ⓐ Ⓑ Ⓒ Ⓓ

3. Could you tell me the reason ------- you resigned from the position ?

(A) when
(B) where
(C) why
(D) what

Ⓐ Ⓑ Ⓒ Ⓓ

4. Where is a retail shop ------- you worked for ?

(A) which
(B) where
(C) whose
(D) why

Ⓐ Ⓑ Ⓒ Ⓓ

PART **4** 情報をプラスする表現［修飾］

lesson 16

関係副詞

---

column	スコア アップの コツ

「暗唱」で瞬発力をきたえる！

テストでも会話でも、単語や文がパッと頭に思い浮かぶかどうかは
とても重要です。このような英語の「瞬発力」を身につけるために
オススメなのが「暗唱」です。
まずはテストでよく見かける表現や、
会話の常套句から暗唱を始めてみましょう。
勉強方法はとても簡単！　覚えたい単語や文を小さい紙や携帯電話に
メモしておいて、確認しながら心の中で唱えるだけ。
続けるうちにどんどん覚えやすくなってきて、
表現のバリエーションも広がります。
そうすればテストにも会話にも自信をもって臨めるようになります。

PART 5

話の幅を広げる表現

質問したり、想像したり、会話はさまざまな方向に広がります。
ここでは、PART4に続いて、文にいろいろな要素をプラスして
話の幅をさらに広げるための表現を紹介します。

Lesson 17 原級・比較級・最上級

check !   ☐ 原級・比較級・最上級を使った表現の意味をおさえる。
          ☐ 比較級・最上級の変形ルールをおさえる。

✳ 原級とは

☐ check !

原級は形容詞や副詞のそのままの形のことです。
主に 〈as＋原級＋as ...〉 という形で使い、
「～と同じくらい…の」 という意味を表します。

▶ I am as <u>tall</u> as Ken（is）.   私はケンと同じくらい背が高い。

✳ 比較級とは

☐ check !

比較級は、形容詞や副詞が形を変えたものです。
ふたりの人や 2 つのものを比べるときに使います。
〈比較級＋than ～〉 という形で
「～よりも…」 という意味を表します。

▶ Jim is <u>taller</u> than Ken（is）.   ジムはケンより背が高い。

✳ 最上級とは

☐ check !

最上級も、比較級と同じく形容詞や副詞が形を変えたもので、
3 者以上のグループの中で比べて
「そのグループの中で一番…」 ということを表すときに使います。
「～の中で」 という意味は in や of を使って表します。

▶ Jim is the <u>tallest</u> in his class.   ジムはクラスの中で一番背が高い。
▶ Jim is the <u>tallest</u> of the three.   ジムは 3 人の中で一番背が高い。

✳ 比較級・最上級の変形ルール

比較級、最上級の変形には、大きく分けて次の 3 つのパターンがあります。

1. 単語の後ろに -er（比較級）・-est（最上級）をつける形容詞・副詞
母音（a / i / u / e / o の音）を 1 つだけ含む短い単語

例 ▶ big（大きい）---------- bigger（より大きい）-------- biggest（一番大きい）

▶ small（小さい）------- smaller（より小さい）------ smallest（一番小さい）

2. 単語の前に more（比較級）・most（最上級）をつける形容詞・副詞
母音（a / i / u / e / o の音）を 2 つ以上含む長めの単語

例 ▶ interesting（おもしろい）

more interesting（よりおもしろい）　　　most interesting（一番おもしろい）

▶ rapidly（素早く）

more rapidly（よりすばやく）　　　most rapidly（一番すばやく）

3. 形を完全に変えるもの（不規則変化）
例 ▶ good（よい）----------- better（よりよい）-------- best（一番よい）

▶ well（じょうずに）------ better（よりよく）-------- best（一番よく）

▶ bad（悪い）----------- worse（より悪い）-------- worst（最も悪い）

▶ many（多数の）-------- more（より多数の）------- most（最も多数の）

▶ much（多量の）-------- more（より多量の）------- most（最も多量の）

ドリルでトレーニング！

解答&解説 ▶ 別冊 P.012

1. 次の単語の比較級と最上級を書いてください。

(1) small

　　比較級：_____　　最上級：_____

(2) difficult

　　比較級：_____　　最上級：_____

(3) good

　　比較級：_____　　最上級：_____

2. 次の日本語を英語にしてください。

(1) 私は姉と同じ背の高さだ。

_____

(2) 兄は私より背が高い。

_____

(3) このスマートフォンはあのコンピューターより高価だ。

_____

(4) 彼女はこの店で一番きれいなドレスを買った。

_____

解答 & 解説 ▶ 別冊 P.013

TOEIC レベルにチャレンジ！	⏱ time limit **2** min.	🗐 score /4	🎧 17

空欄に入る適切な語句を選んでください。

解き終えたら音声に合わせて音読してみましょう。

1. Adam Architecture Ltd. proposed ------- costs for construction than Smith Corporation did.

(A) low
(B) lower
(C) lowest
(D) cheap　　　Ⓐ Ⓑ Ⓒ Ⓓ

3. I think this is the ------- way to solve the problem.

(A) effect
(B) as effective as
(C) more effective
(D) most effective　　　Ⓐ Ⓑ Ⓒ Ⓓ

2. Which is ------- for you, smartphones or notebook computers ?

(A) usefuler
(B) more useful
(C) most useful
(D) as useful as　　　Ⓐ Ⓑ Ⓒ Ⓓ

4. He seems ------- than yesterday.

(A) good
(B) better
(C) best
(D) worst　　　Ⓐ Ⓑ Ⓒ Ⓓ

PART

5

話の幅を広げる表現［その他の表現］

---

column	スコア アップの コツ	**「自分アレンジ」で定着度アップ！**

「暗唱」に慣れてきたら、例文を「自分アレンジ」してみましょう。

テキストに載っている例文中の名前を身近な人の名前に変えたり、

動詞を自分が実際にすることやしたことに置き換えたりするのが

「自分アレンジ」です。

たとえば、例文が I talked to Taro yesterday. だとしたら

話し相手の Taro を自分が実際に昨日話した人の名前に置き換えて、

I talked to Mr. Tanaka yesterday. などとアレンジすると、

自分にとって身近な文になって記憶に残りやすくなります。

lesson 17

原級・比較級・最上級

lesson 18 接続詞

check !　　□ 接続詞の種類とそれぞれの機能をおさえる。
　　　　　　□ 従属接続詞がつくる節の機能をおさえる。

✳ 接続詞とは　　　　　□ check !

「単語と単語」や「文と文」などの単語や、単語のカタマリ同士を接続するためのことばです。
時、理由、条件などの説明を加えるときに使います。

✳ 等位接続詞　　　　　□ check !

「単語と単語」、「句と句」、「文と文」などを同等の関係で接続することばです。
ここでは and、or、but という代表的な 3 つを紹介します。

- ▶ I speak Japanese and English. 　　私は日本語と英語を話す。
- ▶ I walk or run to the station. 　　私は駅まで歩くか走るかする。
- ▶ I'm poor but happy. 　　私は貧しいが幸せだ。

✳ 従属接続詞と副詞節　　　　　□ check !

主語と動詞を含む、2 語以上の単語のカタマリのことを節といいます。
接続詞がつくる節は、その節だけでは文として成立せず、
中心となる情報を表す節と必ずセットで使われます。
中心となる情報を伝えるメインの節を主節、
接続詞がつくるサブの節を従属節と呼ぶことがあります。

- ▶ I took an umbrella because it started to rain.
　　　　　主節　　　　　　　　　　従属節

このようなサブの節をつくる接続詞を従属接続詞といいます。
次の接続詞がつくる節は、文中で副詞の働きをして主節を修飾することから
副詞節と呼ばれます。

① when「〜する時」

▶ When I left home, I took my umbrella. 　私が家を出る時、私は傘を持っていった。

② because「〜なので」

▶ Because it started to rain, I took my umbrella. 　雨が降り出したので、私は傘を持っていった。

③ if「もし〜ならば」

▶ If I take a taxi, I don't need my umbrella. 　もし私がタクシーに乗るならば、傘は必要ない。

✳ that 節と名詞節　　☐ check !

that は代名詞のほかに、節をつくる接続詞としても使われます。
that がつくる節は名詞と同じ働きをするので名詞節と呼ばれます。
特によく出題される使い方は次の 3 つです。

① 動詞の後ろ

▶ I know that you study English hard.

私は、あなたが英語を一生懸命勉強していることを知っている。

② 名詞の後ろ

▶ It's a very good idea that we study English together.

私たちが一緒に英語を勉強するという考えはとてもいい。

③ so ... that 〜

▶ English is so interesting that I keep studying it.

英語はとてもおもしろいので、私はずっと勉強している。

ドリルでトレーニング！	⏱ time limit **10** min.	📋 score ／9

解答＆解説 ▶ 別冊 P.013

1. 次の文の主節に二重線（＝＝）、従属節に波線（〜〜〜）を引いてください。
また各文を日本語に訳してください。

(1) I closed the window because it was cold.

　日本語訳：＿＿＿＿＿＿＿＿＿＿＿＿＿＿＿＿＿＿＿＿＿＿＿＿＿＿＿＿

(2) When she went out it was raining.

　日本語訳：＿＿＿＿＿＿＿＿＿＿＿＿＿＿＿＿＿＿＿＿＿＿＿＿＿＿＿＿

(3) If you take a train it will be cheaper.

　日本語訳：＿＿＿＿＿＿＿＿＿＿＿＿＿＿＿＿＿＿＿＿＿＿＿＿＿＿＿＿

2. 次の文の空欄に入る適切な接続詞を語群の中から選んで、書いてください。

and / or / but / when / if / that

(1) ＿＿＿＿＿＿＿＿＿ we don't hurry, we will be late for the meeting.

(2) It was very hot outside ＿＿＿＿＿＿＿＿＿ I got up this morning.

(3) He brought his umbrella, ＿＿＿＿＿＿＿＿＿ he didn't use it.

(4) All of us stayed at home ＿＿＿＿＿＿＿＿＿ watched DVDs.

(5) Can you assist him with this project ＿＿＿＿＿＿＿＿＿ do you have to leave now ?

(6) He had an idea ＿＿＿＿＿＿＿＿＿ everyone was happy.

TOEIC レベルにチャレンジ！

time limit 2 min. | score /4 | 🎧 18

解答＆解説 ▶ 別冊 P.013

空欄に入る適切な語句を選んでください。

解き終えたら音声に合わせて音読してみましょう。

1. This material is expensive ------- very useful.

(A) and
(B) or
(C) but
(D) if   Ⓐ Ⓑ Ⓒ Ⓓ

2. Would you lower the price ------- we paid in cash?

(A) if
(B) because
(C) but
(D) and   Ⓐ Ⓑ Ⓒ Ⓓ

3. All of them have the idea ------- they can do it.

(A) and
(B) or
(C) that
(D) if   Ⓐ Ⓑ Ⓒ Ⓓ

4. She looked ------- different that her father didn't recognize her.

(A) or
(B) so
(C) if
(D) and   Ⓐ Ⓑ Ⓒ Ⓓ

---

column	スコアアップのコツ

あなたは視覚派？　聴覚派？

人それぞれに色や味の好みがあるように、
勉強法にも一人ひとりにあったものがあります。
英語の学習者は、大きく２つのタイプに分けられると思います。
１つは文字を見たり、書いたりすることを楽しく感じる「視覚派」、
もう１つは音を聞いたり、マネして発音したりするのが楽しいと感じる
「聴覚派」です。みなさんもやっていて楽しいと思える、自分にあった
勉強法を見つけてみてください。得意なことから始めれば、
自然とやる気がでて、いい勉強のリズムができますよ。

Lesson 19 前置詞

---

date.1 　　　 / 　　　 date.2 　　　 /

check ! 　☐ 前置詞の形と意味、基本イメージをおさえる。
　　　　☐ 接続詞と前置詞の違いをおさえ、区別できるようになる。

✳ 前置詞とは

☐ check !

前置詞とは名詞の前に置くことばのこと。主に場所や時などを表します。

前置詞は種類が多いので、意味とイメージを合わせて表でしっかり確認しましょう。

✳ 場所・位置・方向を表す前置詞

☐ check !

前置詞	意味・イメージ	例文
at	点のイメージ「〜に」	I stay at a hotel.
in	空間の内側のイメージ「〜の中に」	The hotel is in Tokyo.
on	接着のイメージ「〜の上に」	I lie on the bed.
under	真下のイメージ「〜の下に」	A cat is under the bed.
below	広い下方のイメージ「〜の下の方に」	Flowers are below the window.
above	広い上方のイメージ「〜の上の方に」	A picture is above the bed.
to	向かう先のイメージ「〜へ」	He goes to the hotel.
between	2者の間にあるイメージ「〜の間に」	A chair is between the bed and the window.

✳ 時を表す前置詞

☐ check !

前置詞	意味・イメージ	例文
after	「〜の後」	Let's eat lunch after the meeting.
before	「〜の前」	I'll buy some flowers before the party.
in	「年」を表す	We met first in 2011.
on	「曜日・日付」を表す	We meet on Wednesday, August 3rd.
at	「時刻」を表す	We are going to meet at noon.
until	「連続する期間」を表す「〜まで」	I'll keep studying until midnight.
by	「完了の期限」を表す「〜までに」	I should finish writing this by next week.

※ after / before / until は接続詞の役割ももっています（意味は同じ）。

■ 前置詞の基本イメージ

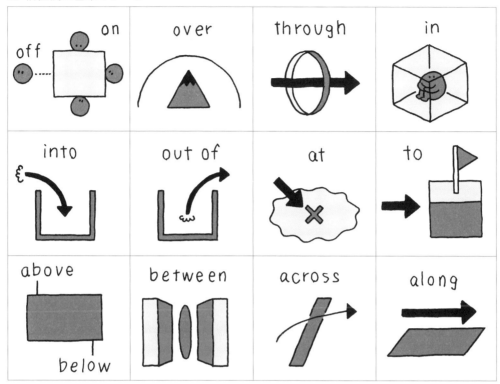

✳ 接続詞と前置詞の違い

□ check !

TOEIC L&R テストでは、接続詞か前置詞のどちらかを選ぶ問題がよく出題されます。
それぞれの単語の品詞と、後ろに続く語句を意識してみましょう。
接続詞の後ろには〈主語＋動詞〜〉、前置詞の後ろには名詞句が置かれます。

① 「〜している間」while（接続詞）/ during（前置詞）

▶ I visited Tokyo Sky Tree while I stayed in Tokyo.

▶ I visited Tokyo Sky Tree during my stay in Tokyo.

　東京滞在中、私は東京スカイツリーを訪れた。

② 「〜にもかかわらず」although（接続詞）/ in spite of（前置詞）

▶ I went to work although I had a fever.

▶ I went to work in spite of my fever.

　熱があったが私は仕事に行った。

PART

5

話の幅を広げる表現 [その他の表現]

Lesson 19

前置詞

ドリルでトレーニング！

⏱ time limit
10min.

📄 score
／10

解答＆解説 ▶ 別冊 P.014

1. 次の前置詞とその表すものを線で結んでください。

(1) at　　•　　　　　　　•　継続の期間

(2) on　　•　　　　　　　•　時刻

(3) in　　•　　　　　　　•　年

(4) until　•　　　　　　　•　曜日

(5) by　　•　　　　　　　•　完了の期限

(6) to　　•　　　　　　　•　方向

2. 次の（　　）内から適するものを選び、○で囲んでください。
**　 また完成した英文を日本語に訳してください。**

(1) We saw the sun (above / below) the horizon early in the morning.

　日本語訳： _____

(2) There is a clock (at / in / on) the wall.

　日本語訳： _____

(3) She purchased a camera (while / during) she was in Japan.

　日本語訳： _____

(4) (Although / In spite of) she joined the team only a year ago, she became a great leader.

　日本語訳： _____

TOEIC レベルにチャレンジ！	⏱ time limit **2** min.	🗒 score /4	🎧 19

解答&解説 ▶ 別冊 P.014

空欄に入る適切な語句を選んでください。

解き終えたら音声に合わせて音読してみましょう。

1. Many paintings are hanging ------- the wall.

(A) on
(B) in
(C) at
(D) to
　　　Ⓐ Ⓑ Ⓒ Ⓓ

2. Please turn in the report ------- tomorrow evening.

(A) until
(B) by
(C) at
(D) in
　　　Ⓐ Ⓑ Ⓒ Ⓓ

3. Don't open this window ------- business hours.

(A) while
(B) between
(C) in
(D) during
　　　Ⓐ Ⓑ Ⓒ Ⓓ

4. He went to work ------- the pain in his leg.

(A) but
(B) although
(C) in spite of
(D) however
　　　Ⓐ Ⓑ Ⓒ Ⓓ

---

column	スコア アップの コツ

Part 3・4 は「質問文の先読み」で攻略！

Part 3・4 のリスニングを攻略するコツは「質問文の先読み」です。
放送文を聞く前にあらかじめ問題を読み、前もって
「何が問われるか」「何を聞き取ればいいか」をつかんでおくのです。
こうすることで、聞き取るべき情報だけに
意識を集中することができます。すべてを聞き取ろうとすると
負担が大きいですが、聞き取ることを絞れば集中力を保つことができ、
正解率も大きくアップします。
しかし、「先読み」するためには、
そのための時間を確保しなければならないことも忘れずに。

PART

5

話の幅を広げる表現 [その他の表現]

lesson 19

前置詞

Lesson 20 不定詞と動名詞

date.1 　　　　/ 　　　　date.2 　　　　/

check！ ☐ 不定詞と動名詞の形と用法をおさえる。
☐ 不定詞と動名詞の違いをおさえる。

✳ 不定詞とは ☐ check！

不定詞とは <u>to の後ろに動詞の原形</u>を置いて、述語動詞や名詞に説明を加えます。
次の 3 つの用法があり、用法により意味や使い方が異なります。

1. 名詞用法

「〜すること」と訳します。名詞の働きをするので、主語や目的語になります。

▶ To study English is interesting. 　　　英語を勉強することはおもしろい。

▶ I like to study English. 　　　私は英語を勉強することが好きだ。

2. 副詞用法

「〜するために」と訳します。副詞の働きをするので、動詞や文を修飾します。

▶ Let's go to a cafe to study English. 　　　英語を勉強するためにカフェに行こう。

3. 形容詞用法

「〜するための・〜すべき」と訳します。形容詞の働きをするので、名詞を修飾します。

▶ I have nothing to do today. 　　　私は今日する（べき）ことがない。

✳ 動名詞とは ☐ check！

動名詞は動詞の意味をもち、名詞の役割をするものです。
<u>動詞に ing をつけた形</u>で、「〜すること」などと訳します。
名詞の性質をもっているので、文の中で主語、目的語、補語になります。
動名詞は名詞用法の不定詞に言い換えることができます。

▶ Studying **English is interesting.**　　英語を勉強することはおもしろい。

= To study **English is interesting.**

▶ **I like** studying **English.**　　私は英語を勉強することが好きだ。

= **I like** to study **English.**

また、動名詞は<u>前置詞の後ろに置く</u>こともできます。不定詞は前置詞の後ろには置けません。

▶ **I am good at** speaking **English.**　　私は英語を話すことが得意です。

✳ 不定詞と動名詞の違い　　□ check !

「動名詞は不定詞に言い換えられる」と説明しましたが、

動詞の種類によって、① 後ろに不定詞だけ置けるもの、② 後ろに動名詞だけを置けるもの、

③ 後ろにどちらでも置けるものの 3 つのタイプがあります。

① **後ろに to 不定詞のみ置ける動詞**

　　hope（望む）、**decide**（決める）、**offer**（申し出る）など

② **後ろに動名詞のみ置ける動詞**

　　enjoy（楽しむ）、**stop**（やめる）、**finish**（終える）など

③ **後ろにどちらでも置ける動詞**

　　like（好き）、**hate**（嫌い）、**continue**（続ける）など

TOEIC L&R テストでもよく出題されるので、この不定詞と動名詞の違いを意識してみてください。

基本的に「<u>これからすること</u>」を表すのが不定詞、

「<u>今までやっていたこと</u>」を表すのが動名詞と考えると、覚えやすくなります。

ドリルでトレーニング！

解答＆解説 ▶ 別冊 P.015

1. 次の英文を日本語に訳してください。

(1) He went to the post office to send a letter by express mail.

_____

(2) We have a chance to get a prize.

_____

(3) My job is to check the products.

_____

2. 次の（　　）内から適するものを選び、○で囲んでください。

(1) Clients are looking forward to (have / having) a stronger relationship with us.

(2) If you find an error, stop (to operate / operating) the machine.

(3) Finally, he decided (to quit / quitting) the company.

(4) I have a lot of work (to do / doing) tonight.

TOEIC レベルにチャレンジ！

⏱ time limit
2 min.

🗐 score
／4

🎧 20

解答＆解説 ▶ 別冊 P.015

空欄に入る適切な語句を選んでください。

解き終えたら音声に合わせて音読してみましょう。

1. Shall we go to the meeting room ------- the problem ?

(A) discuss
(B) discussing
(C) discussion
(D) to discuss Ⓐ Ⓑ Ⓒ Ⓓ

2. When she got to the office, she offered ------- me immediately.

(A) to help
(B) help
(C) helping
(D) helper Ⓐ Ⓑ Ⓒ Ⓓ

3. When did you finish ------- the budget proposal ?

(A) make
(B) making
(C) to make
(D) made Ⓐ Ⓑ Ⓒ Ⓓ

4. Customers are very interested in ------- our new products.

(A) purchase
(B) purchasing
(C) to purchase
(D) purchased Ⓐ Ⓑ Ⓒ Ⓓ

column	スコア アップの コツ

Part 7 攻略のカギ！

Part 7 の長文問題も、Part 3・4 と同じように、質問文を先に読んでおくことで正解率がアップします。質問内容をあらかじめ理解して、その答えを長文の中に「探しにいく」という感覚です。これをせずに全文をじっくり読んでしまうと、時間が足りず、解答できる問題が少なくなってしまいます。

質問文の中には、答えを探すための「キーワード」があります。質問文に「人の名前」や「数字」などのキーワードがあれば、長文ではその言葉の近くに答えがある可能性が高いです。キーワードをチェックすれば、効率的に問題を解くことができるのです。

Lesson 21 受動態

---

date.1 ／ date.2 ／

---

check !　☐ 受動態の形と役割をおさえる。
　　　　　☐ 日本語との違いを意識しながら感情表現をおさえる。

✳ 受動態とは　　　　　　　　　　　　　　　　　☐ check !

受動態とは、「動作の影響を受ける側の視点」からつくる文のことです。

つまり何かを「〜する」のではなく「〜される」と訳すときに使います。

この形式の文は「受け身」と呼ばれることもあります。

ちなみに「〜する」という方の文は能動態と呼ばれます。

受動態は〈be 動詞＋過去分詞〉という形です。※過去分詞については「動詞の変形」（p.61）参照。

文の種類や時制については、次の例文で確認しましょう。

1. 肯定文・現在形

▶ Most Americans speak English.　　　　　　ほとんどのアメリカ人は英語を話す。（人が中心）

▶ English is spoken by most Americans.

英語はほとんどのアメリカ人によって話される。（英語が中心）

2. 肯定文・過去形

▶ The police found my bicycle yesterday.　　昨日警察が私の自転車を見つけた。（警察が中心）

▶ My bicycle was found by the police yesterday.

昨日私の自転車は警察によって見つけられた。（自転車が中心）

3. 否定文・過去形

▶ John didn't write the letter.　　　　　　ジョンはその手紙を書かなかった。（ジョンが中心）

▶ The letter wasn't written by John.　　その手紙はジョンによって書かれていなかった。（手紙が中心）

4. 疑問文・過去形

▶ Did Mary break the window ?　　　　　メアリーがあの窓を割ったのですか。（メアリーが中心）

▶ Was the window broken by Mary ?　　あの窓はメアリーによって割られたのですか。（窓が中心）

主語と目的語のどちらを話題の中心にするかで能動態と受動態を使い分けます。

目的語を話題の中心にするときに受動態を使います。

その際、能動態の文で主語だったものは、動作の主体（動作をする人）として

by ～「～によって」という形で、文末に置かれます。

ただし、この **by ～** は言う必要がない場合や動作の主体がわからない場合には省略されます。

✳ 感情を表す動詞と受動態

☐ check !

英語では感情を表す動詞は

普通、「～させる」という意味の他動詞で、

「感情の原因や理由」を主語にして「〈原因や理由〉＋動詞＋人」という形をとります。

人を主語にして感情を表現する場合には、受動態を使う必要があります。

▶ 【能動態】**The news** delighted **me.**　　　　その知らせは私を喜ばせた。

▶ 【受動態】**I** was delighted **by the news.**　　　私はその知らせに喜んだ。

日本語では感情を表現する場合、

「その知らせで私は喜んだ」のように能動態を使いますが、

英語では受動態になるので、注意が必要です。

TOEIC L&R テストによく出るのは次の動詞です。

これらの動詞を見たら、受動態になる可能性を考えてみましょう。

▶ encourage（はげます）　　▶ satisfy（満足させる）　　▶ surprise（おどろかせる）

▶ interest（興味をもたせる）　▶ excite（興奮させる）　　▶ worry（心配させる）

Easic English Grammar Exercises
to improve your TOEIC L&R TEST score

PART

5

話の幅を広げる表現［ その他の表現 ］

lesson 21

受動態

ドリルでトレーニング！

time limit
10min.

score
/8

解答＆解説 ▶ 別冊 P.015

1. 次の英文を日本語に訳してください。

(1) Many kinds of stamps are sold at the post office.

(2) Were these cars repaired ?

(3) The conference room wasn't cleaned yesterday.

2. 次の（　）内から適するものを選び、○で囲んでください。

(1) English is (speaking / spoken) all over the world.

(2) Last night, my wallet (stole / was stolen).

(3) The news (surprised / was surprised) everybody in this company.

(4) Was this movie (making / made) in 1999 ?

(5) Many people were (injuring / injured) in the accident.

TOEIC レベルにチャレンジ！	⏱ time limit	📄 score	🎧 21
	2 min.	/4	

解答&解説 ▶ 別冊 P.016

空欄に入る適切な語句を選んでください。
解き終えたら音声に合わせて音読してみましょう。

1. This museum ------- 50 years ago.

(A) build
(B) built
(C) is built
(D) was built　　　Ⓐ Ⓑ Ⓒ Ⓓ

2. Were the lists ------- up by Fred ?

(A) draw
(D) drawing
(C) drew
(D) drawn

　　　Ⓐ Ⓑ Ⓒ Ⓓ

3. Every staff member is ------- to take a promotional exam.

(A) encourage
(B) encouraging
(C) encouraged
(D) encouragement　　　Ⓐ Ⓑ Ⓒ Ⓓ

4. Outstanding sales performance ------- the board of directors last year.

(A) satisfy
(B) satisfies
(C) satisfied
(D) satisfying　　　Ⓐ Ⓑ Ⓒ Ⓓ

---

column	スコアアップのコツ

わかる言葉をつないで理解する

「あらかじめ何が聞かれるかを知っておく」というのは、
テスト攻略のためだけの単なるテクニックではありません。
実際の会話で英語を使う際にも役立つ方法なのです。
相手が知りたいと思っていることがわかっていれば、
相手の言葉がすべて聞き取れなくても、意思疎通をはかれます。
わからない単語が出てくる度に止まってしまうのでは話が先に進みません。「完璧に読み取ろう、聞き取ろう！」と力まずに、
わかる言葉をつないで理解するという感覚をもてると、
会話がスムーズになります。

PART

5

話の幅を広げる表現【その他の表現】

lesson 21

受動態

22 仮定法

date.1 _____ / _____ date.2 _____ / _____

check !　□ 仮定法の考え方と形をおさえる。
　　　　　□ 仮定法過去と仮定法過去完了の違いをおさえる。

✳ 仮定法とは

□ check !

仮定法とは、現実とは違うことを想像・仮定するときに使う動詞の形のルールのことです。
表す「時」によって、大きく分けて 2 つの形があります。

✳ 仮定法過去（現在の仮定）

□ check !

「もし A ならば、B なのに」という「現在の現実とは違う内容」を表すために使う表現です。
表す内容は「現在」のことですが、過去形を使うので「仮定法過去」と呼ばれます。

基本形は 〈If＋主語＋過去形...,　主語＋would［could, might］＋動詞の原形...〉。
　　　　　　　　　A　　　　　　　　　　　　B

▶ If she had time and money, she would go abroad.

> もしお金と時間があれば、彼女は海外へ行くだろうに。
> ※「彼女にはお金も時間もない」という現実の反対。

仮定法過去の文で be 動詞を使うときには、<u>どんな主語でも were になる</u>のが通例です。

▶ **If I** were **her, I would try it.**
もし私が彼女なら、それをやってみるのに。
※「私は彼女になれない」という現実の反対。

✳ 仮定法過去完了（過去の仮定） ☐ check !

「もし **A** だったら、**B** だったのに」という<u>「過去の現実とは違う内容」</u>を表すために使います。
表す内容は「過去」のことですが、過去完了形を使うので「**仮定法過去完了**」と呼ばれます。

基本形は <u>〈If＋主語＋had＋過去分詞…, 主語＋would［could, might］＋ have＋過去分詞…〉</u>。
A   B

▶ **If she** had had **time and money then, she** would have gone **abroad.**
もしあのとき、お金と時間があったら、彼女は海外へ行っただろうに。
※「彼女にはお金も時間もなかった」という過去の現実の反対。

✳ 注意すべき仮定法 ☐ check !

TOEIC L&R テストでよく出題されるルールをもう **1** つ紹介しておきましょう。
<u>提案・要求・命令</u>などを表す動詞や形容詞の後ろにくる
that 節中の動詞を原形にするというルールです。
提案や要求の内容は実現するかどうかわからないことなので
時制の影響を受けない動詞の原形が使われる、と考えるとわかりやすいでしょう。
このルールも仮定法の一種で「**仮定法現在**」と呼ばれます。

次の動詞や形容詞は、**TOEIC L&R** テストにもよく出題されるので覚えておきましょう。

動詞 ▶ **propose**（提案する） ▶ **suggest**（提案する） ▶ **request**（要求する）

    ▶ **We** propose **that Mr. Jones** take **charge of the project.**
私たちはジョーンズ氏がこの計画の責任者になることを提案する。

    ▶ **He** suggested **that she** go **alone.**   彼は彼女がひとりで行くべきだと提案した。

形容詞 ▶ **desirable**（望ましい） ▶ **necessary**（必要な） ▶ **essential**（必須の）

    ▶ **It is** desirable **that she** <u>attend</u> **the meeting.**   彼女が会議に出席するのが望ましい。

    ▶ **It is** necessary **that we** <u>understand</u> **the risk.**
私たちがその危険性を理解することが必要だ。

ドリルでトレーニング！

解答＆解説 ▶ 別冊 P.016

time limit
10 min.

score
／7

1. 日本語に合うように次の英文の空欄に適する語を書いてください。

(1) もし私が答えを知っていれば、彼に教えるのだが。

_____ I knew the answer, I _____ tell him.

(2) もし働いていないとしたら、あなたは何をしますか。

What _____ you do if you _____ work ?

(3) もしあの時、英語を学び始めていなかったら、彼には会わなかっただろう。

If I _____ started learning English then, I wouldn't _____

_____ him.

2. 次の（　　）内から適するものを選び、◯で囲んでください。

(1) Life would be boring if you（ aren't / weren't ）here.

(2) We（ would buy / would have bought ）a house if we had enough money.

(3) Ms. Thompson suggested that he（ go / went ）alone.

(4) If he（ didn't speak / hadn't spoken ）Japanese, he wouldn't have come to Japan.

TOEIC レベルにチャレンジ！

⏱ time limit **2** min.

📝 score /4

🎧 22

解答＆解説 ▶ 別冊 **P.017**

空欄に入る適切な語句を選んでください。
解き終えたら音声に合わせて音読してみましょう。

1. If I ------- you, I would try it again.

(A) am
(B) were
(C) had been
(D) be

Ⓐ Ⓑ Ⓒ Ⓓ

2. We would purchase the products if they ------- so expensive.

(A) are
(B) aren't
(C) were
(D) weren't

Ⓐ Ⓑ Ⓒ Ⓓ

3. If I had gotten that information, I wouldn't ------- the stock.

(A) buy
(B) bought
(C) have bought
(D) buying

Ⓐ Ⓑ Ⓒ Ⓓ

4. The director suggested that Mr. Miller ------- the meeting.

(A) attend
(B) attends
(C) attending
(D) attended

Ⓐ Ⓑ Ⓒ Ⓓ

---

column	スコア アップの コツ

頭を切り換えながら解く

TOEIC L&R テストの問題では、脈絡のない話が連続して出題されます。
これは日常生活の中ではあまりない、特殊な状況です。
それを乗り切るために大事なのは「頭の切り換え」です。
１問解き終わったら、すぐに頭を切り換えて次の問題に臨んでください。
確かに前の問題が分からないと気になってしまいますよね。
でも TOEIC L&R テストではどんどん先に進んでいかないと、
時間が足りなくなってしまいます。
「過去は振り返らない」ことも大切なのです。

lesson 23 疑問詞

check ! 　☐ 疑問詞の種類とそれぞれ疑問詞の意味をおさえる。
　　　　　☐ 疑問詞疑問文と間接疑問文の語順をおさえる。

✳ 疑問詞とは　　　　　　　　　　　　　　☐ check !

疑問詞とは人、もの、時、場所など具体的な情報をたずねる時に使うことばです。

✳ 疑問詞の種類　　　　　　　　　　　　　☐ check !

疑問詞・疑問詞句	意味
who	誰
whose	誰の
when	いつ
what time	何時
where	どこ
what	何
what kind of	どんな種類の
which	どの、どちらの

疑問詞・疑問詞句	意味
why	なぜ
how	どのように
how many	いくつ（個数）
how much	いくら（量）
how long	どのくらいの期間
how far	どのくらいの距離
how often	どのくらいの頻度
how old	何歳

✳ 疑問詞疑問文の語順

疑問詞は、疑問文（※ p.38「lesson 07 文の種類」参照）の先頭に置いて使われます。
疑問詞の後ろは、疑問文の語順になります。
be 動詞を含む場合は、〈疑問詞＋be 動詞＋主語〜？〉、
一般動詞を含む場合は、〈疑問詞＋do［does/did］＋主語〜？〉、
助動詞を含む場合は、〈疑問詞＋助動詞＋主語〜？〉 の語順になります。

▶ **Where** is the conference room ? 　　会議室はどこですか。
▶ **When** do you leave for Japan ? 　　あなたは日本にいつ出発しますか。
▶ **How many** books do you have ? 　　あなたは何冊の本を持っていますか。
▶ **What** did you do for your vacation ? 　あなたは休暇に何をしましたか。
▶ **Where** can I buy a ticket ? 　　チケットはどこで買えますか。

ただし、**who** や **what** などの疑問詞が主語として使われるときには、
疑問詞のすぐ後ろに動詞を置きます。

▶ **Who** works in this office ?（×Who does work …） このオフィスでは誰が働いていますか。
▶ **What** happened to him ?（×What did happen …） 彼に何があったのですか。

✳ <ruby>間接疑問<rt>かんせつ</rt></ruby>

疑問詞疑問文が別の文の一部になって、
主語、目的語、補語として使われることがあります。これを間接疑問といいます。
間接疑問になる場合、疑問詞の後ろが
〈主語＋動詞〜〉の語順になるので注意しましょう。
ただし、間接疑問の主語が疑問詞の場合は
〈疑問詞＋動詞〉の語順になります。

▶ I don't know **what this is**. 　　私はこれが何なのか知らない。
▶ Please tell me **who he is**. 　　彼が誰なのか教えてください。
▶ Do you know **where she lives** ? 　彼女がどこに住んでいるか知っていますか。
▶ Please tell me **what happened to him**. 彼に何があったのか教えてください。

<table>
<tr><td>ドリルでトレーニング！</td><td>⏱ time limit
10min.</td><td>📋 score
/14</td></tr>
</table>

解答 & 解説 ▶ 別冊 P.017

1. 次の日本語に合う疑問詞を語群の中から選び、書いてください。

who / how long / where / why / how much / whose / when / how often

(1) いつ ＿＿＿＿＿＿＿＿　　　(5) なぜ ＿＿＿＿＿＿＿＿

(2) どこ ＿＿＿＿＿＿＿＿　　　(6) いくら ＿＿＿＿＿＿＿＿

(3) 誰 ＿＿＿＿＿＿＿＿　　　(7) 頻度 ＿＿＿＿＿＿＿＿

(4) 誰の ＿＿＿＿＿＿＿＿　　　(8) 期間 ＿＿＿＿＿＿＿＿

2. 次の（　）内の語を並べ替えて、英文を完成させてください。

(1)（ what / does / get / every / time / she / morning / up ）?

＿＿＿＿＿＿＿＿＿＿＿＿＿＿＿＿＿＿＿＿＿＿＿＿＿＿＿＿＿＿

(2)（ machine / often / do / use / they / the / copy / how ）?

＿＿＿＿＿＿＿＿＿＿＿＿＿＿＿＿＿＿＿＿＿＿＿＿＿＿＿＿＿＿

(3)（ decided / who / go / there / by / train / to ）?

＿＿＿＿＿＿＿＿＿＿＿＿＿＿＿＿＿＿＿＿＿＿＿＿＿＿＿＿＿＿

(4)（ last / how / the / was / presentation / week ）?

＿＿＿＿＿＿＿＿＿＿＿＿＿＿＿＿＿＿＿＿＿＿＿＿＿＿＿＿＿＿

(5)（ when / you / the / meeting / do / know / start / will ）?

＿＿＿＿＿＿＿＿＿＿＿＿＿＿＿＿＿＿＿＿＿＿＿＿＿＿＿＿＿＿

(6)（ know / why / I / don't / the / left / he / company ）.

＿＿＿＿＿＿＿＿＿＿＿＿＿＿＿＿＿＿＿＿＿＿＿＿＿＿＿＿＿＿

TOEIC レベルにチャレンジ！

⏱ time limit **2** min.

🗒 score ＿＿／4

🎧 23

解答＆解説 ▶ 別冊 P.017

空欄に入る適切な語句を選んでください。
解き終えたら音声に合わせて音読してみましょう。

1. ------- did you get up this morning ?

(A) What
(B) When
(C) Who
(D) Whose

Ⓐ Ⓑ Ⓒ Ⓓ

2. Do you know ------- the sales meeting will be held ?

(A) who
(B) what
(C) whose
(D) where

Ⓐ Ⓑ Ⓒ Ⓓ

3. How ------- will you pay for the products ?

(A) many
(B) much
(C) far
(D) long

Ⓐ Ⓑ Ⓒ Ⓓ

4. ------- does he go to the gym to lose weight ?

(A) How often
(B) How old
(C) What
(D) What kind of

Ⓐ Ⓑ Ⓒ Ⓓ

---

column	スコア アップの コツ

やっぱり基礎が大事！

TOEIC L&R テストという試験では、文法力、単語力、情報処理能力など
いろいろな力が試されます。
厳しい制限時間もありますので、初めは難しく感じるかもしれません。
しかし何度か受験するうちに、このテキストで練習した文法の基礎が
強みになることに気がつくと思います。
時間が経って知識が少しあやふやになったら、
また改めてこのテキストを開いて、基礎を見直してみてください。
しっかりとした土台があれば、英語は確実に上達し、
TOEIC L&R テストのスコアもそれに応じて伸びていくはずです。

PART 6

文をつなげる表現

TOEIC L&RテストのPart 6では文と文とのつながりを見抜き、
それらをつなぐ接続表現を選ぶ問題や、
長文の文脈を理解した上で
空所にあてはまる適切な文を挿入する問題が出題されます。

[接続副詞・
文挿入]

lesson
25

文挿入問題

文脈を理解した上で、
意味的に合う文を挿入する問題の解き方

page
↳ 118

Lesson 24 接続副詞

date.1 _____/_____ date.2 _____/_____

check！　☐ 接続副詞の種類と意味を理解する。
　　　　　☐ 接続詞と接続副詞の違いをおさえる。

✳ 接続副詞とは

2 つの文や節をつなげる役割は lesson 18「接続詞」で解説しましたが、その他に意味的に文と文、節と節をつなぐ役割をするものに「接続副詞」があります。

文脈を理解しているかどうかを測る TOEIC L&R テスト Part 6 長文穴埋め問題では、この接続副詞の問題がよく出題されます。

まずは、頻出の接続副詞の種類と意味をおさえましょう。

接続副詞	意味	接続副詞	意味
thus / therefore	したがって	however	しかしながら
moreover	さらに	nevertheless	それでも・〜にもかかわらず
besides	その上	otherwise	さもないと

✳ 接続詞と接続副詞の違い

接続詞と接続副詞は、意味的に似ていても、使われ方が異なります。
接続副詞は、文頭に置き、その後にカンマをつけます。文中で使う場合は、セミコロン（ ; ）とカンマの間、もしくはカンマとカンマの間にはさんで置きます。
ちなみに、セミコロンは接続詞の働きをもち、1 つ目の文節と 2 つ目の文節に強いつながりがあることを示します。
接続詞のように、カンマの後にきて、さらにその後ろに文を続けることはできません。

次の例文でその違いを確認しましょう。

1. 順接

①接続詞

▶ I love coffee, <u>so</u> I drink it every day. 　私はコーヒーが大好きなので、毎日飲みます。

②接続副詞

▶ I love coffee. Therefore, I drink it every day. 　私はコーヒーが大好きです。したがって、毎日飲みます。

2. 逆接

①接続詞

▶ I love coffee, <u>but</u> I can't drink so much.

私はコーヒーが大好きですが、そんなにたくさんは飲めません。

②接続副詞

▶ I love coffee. However, I can't drink so much. 　（文頭）

▶ I love coffee; however, I can't drink so much. 　（文中：セミコロンとカンマの間）

私はコーヒーが大好きです。しかしながら、そんなにたくさんは飲めません。

▶ I love coffee. My friend, however, doesn't like it. （文中：カンマとカンマの間）

私はコーヒーが大好きです。しかしながら、私の友人は好きではありません。

3. 情報追加

①接続詞

▶ I love coffee, <u>and</u> I run a coffee shop. 　私はコーヒーが大好きで、コーヒーショップを経営しています。

②接続副詞

▶ I love coffee. Moreover, I run a coffee shop.

私はコーヒーが大好きです。その上、コーヒーショップを経営しています。

PART

6

文をつなげる表現［ 接続副詞・文挿入 ］　lesson 24

接続副詞

ドリルでトレーニング！	⏱ time limit **10**min.	🗒 score /8

解答＆解説 ▶ 別冊 P.018

1. 次の空欄に適切な接続副詞を語群の中から選び、書いてください。

> therefore / moreover / however / otherwise / nevertheless

(1) I love playing tennis. ＿＿＿＿＿＿＿＿＿, I'm not very good at it.

(2) The sun is shining, and the weather is warm. ＿＿＿＿＿＿＿＿, it's a perfect day for a picnic.

(3) The exam was difficult. ＿＿＿＿＿＿＿＿, I managed to pass with a good grade.

(4) The food at the restaurant is delicious. ＿＿＿＿＿＿＿＿, the prices are very reasonable.

(5) Don't forget to set your alarm; ＿＿＿＿＿＿＿＿, you might oversleep.

2. 次の（　）内から適するものを選び、○で囲んでください。

(1) I'd like to buy that new computer. (But / However), it's too expensive for me.

(2) I missed the bus this morning, (therefore / so) I had to walk to work.

(3) The movie received excellent reviews, (and / moreover) it won several awards at film festivals.

116

TOEIC レベルにチャレンジ！

time limit **2** min.

score /4

 24

解答 & 解説 ▶ 別冊 P.018

空欄に入る適切な語句を選んでください。
解き終えたら音声に合わせて音読してみましょう。

Questions 1-4 refer to the following letter.

Dear Cameron Alcott,

Thank you for shopping at ------- Web shop. We are glad to inform you that Daylight
1.
company's new items will be released at the beginning of May. Our *Natural Blessings*,
which is our best-selling ------- line, will soon have three additional flavors - Mango,
2.
Guava, and Coconut.
------- , we will invite some of our customers to test our new lineup and give us
3.
feedback about the taste and package design. If you're interested, just send back
the enclosed sign-up form for the product trial. Test products and a survey form will
be shipped in return. -------
4.

Sincerely yours,
Clyde Walker

1. (A) we
(B) our
(C) us
(D) ours

2. (A) clothes
(B) stationery
(C) glassware
(D) beverages

3. (A) Moreover
(B) Nevertheless
(C) However
(D) Otherwise

Ⓐ Ⓑ Ⓒ Ⓓ

4. (A) The show will be canceled soon.
(B) Could you call me back as soon as
possible ?
(C) I went to the place to take the test.
(D) We would appreciate your cooperation.

Ⓐ Ⓑ Ⓒ Ⓓ

PART

6

文をつなげる表現 ［ 接続副詞・文挿入 ］

lesson 24

接続副詞

Lesson 25 文挿入問題

---

date.1 ／ date.2 ／

check !　□ 文挿入問題の特徴を理解する。
　　　　　□ 挿入する文で意識すべき点をおさえる。

✳ 文挿入問題とは

文挿入問題とは、TOEIC L&R テストの **Part 6** 長文穴埋め問題と **Part 7** 長文読解問題に出題される問題のひとつです。

Part 6 では、短い英文の中に空欄が 1 つあり、その空欄に入る語句を 4 つの選択肢の中から選ぶ問題が出題されます。
Part 7 では、設問で指示された 1 つの文が入る、最も適切な場所を選ぶ問題が出題されます。

この文挿入問題を解く際に、挿入する文で意識したいのは次の 3 つです。

① 冠詞　　② 代名詞　　③ 情報の位置

✳ 冠詞

lesson 01「名詞」で解説した「冠詞」のルールの中でも、特に「特定」の意味をもつ冠詞 **the** の有無に気をつけましょう。文中で 〈**the** ＋名詞〉 を使う場合は、その名詞はすでに文中に出ている情報で、空欄の前に同じ単語や、同じ内容を指す単語があります。

▶ I bought <u>a</u> car.　<u>The</u> <u>car</u> was very big.　（1 度目は a、2 度目は The）

私は車を買いました。その車はとても大きかったです。

〈**the** ＋名詞〉 が文中にある場合、特に空欄直前の内容に注意して、文がつながるかどうかを確認しましょう。

Basic English Grammar Exercises
to improve your TOEIC L&R TEST score

PART

6

文をつなげる表現 [接続副詞・文挿入]

lesson 25

文挿入問題

✳ 代名詞

lesson 02「代名詞」で解説した人称代名詞の活用形や、指示代名詞 this / that / these / those などに注目しましょう。文中で空欄より前にすでに登場している名詞を指します。

▶ We got <u>some e-mails</u> from <u>the client</u> last week.
Please read those e-mails before meeting him.

私たちは先週、<u>顧客</u>から<u>数通の</u>メール受け取りました。

<u>彼</u>に会う前に、<u>それらのメール</u>を読んでください。

✳ 情報の位置

Part 6 や Part 7 の問題では E メールやお知らせなどの文書が出題されます。
これらの文書の中で与えられる情報には次のような特徴があります。

① 冒頭：宛名・トピック・過去の出来事
Dear 名前 / To Whom It May Concern（ご担当者さま）などの宛名が示された後、
最初の段落では何についての文書なのかというトピックを明確にします。
特に 1 文目は内容を理解する上でとても重要なので、ゆっくり、正確に読みましょう。
また、書き手と読み手の間で話の前提となる過去の出来事が書かれていることもあります。
② 中盤：トピックの詳細
文書の冒頭で示されたトピックの詳細が書かれます。
場所や日時、参加条件などの具体的な内容が書かれます。
③ 文書の最後：締めの言葉
「ご質問があればお問い合わせください」や「お会いできるのを楽しみにしています」など
文書の締めくくりとなる文が書かれます。

このような情報の位置と内容の特徴を、解答する際に参考にしてください。

ドリルでトレーニング！

解答 & 解説 ▶ 別冊 P.019

1. 次の（　　）内から適するものを選び、○で囲んでください。

(1) Yesterday, I met Mr. Sato and Ms. Suzuki at the station.
（ I / You / He / They ）are my colleagues.

(2) We have been selling clothing for many years.
All of（ we / our / us / ours ）products are of high quality.

(3) Please write a thank-you letter to the customer.
If possible, please mail（ you / them / it / its ）today.

(4) Thank you for your inquiry.
We have attached the necessary documents to this e-mail.
Could you please write（ my / your / our / its ）name and address ?

2. 次の（　　）内から適するものを選び、○で囲んでください。

(1) They run（ a / the ）bookstore.
Many customers visit（ a / the ）bookstore.

(2) I met（ a / the ）student yesterday.
（ A / The ）diligent student asked me many questions.

(3) Mr. Murakami enjoys running.
（ A / The ）runner participates in a marathon every year.

TOEIC レベルにチャレンジ！

○ time limit
2 min.

☰ score
/4

🎧 25

解答＆解説 ▶ 別冊 P.020

空欄に入る適切な語句を選んでください。
解き終えたら音声に合わせて音読してみましょう。

Questions 1-4 refer to the following notice.

To all employees:

I'm happy to inform you about our annual company picnic this year.
All employees are encouraged to participate in the event since it could be a unique opportunity to ------- with one another across departments.
1.

This year, the company picnic will be held on Saturday, October 11 at Greenhill Camp.

All of ------- family members are welcome. ------- River rafting and mini cycling are
2. **3.**
available for those who are interested.

Further details about the event ------- later on. If you have any questions, please
4.
contact the General Affairs Department.

1. (A) allocate
(B) introduce
(C) interact
(D) broaden
Ⓐ Ⓑ Ⓒ Ⓓ

3. (A) The campsite is a perfect place for everyone to enjoy a barbecue.
(B) Most workers and clients weren't happy at that time last year.
(C) Here are some warnings for all members of the company.
(D) Is it correct to turn in the report after the meeting next week?
Ⓐ Ⓑ Ⓒ Ⓓ

2. (A) yourselves
(B) yours
(C) your
(D) you
Ⓐ Ⓑ Ⓒ Ⓓ

4. (A) is announcing
(B) will announce
(C) will be announced
(D) will be announcing
Ⓐ Ⓑ Ⓒ Ⓓ

文法問題ランダム演習編

「TOEIC レベルにチャレンジ！」に掲載した Part 5 形式の全問題をランダムに配列したものです。
間違えた問題や解答の根拠がわからなかった問題については、
本編を参照して確認しておきましょう。解答一覧は別冊の p.21 にあります。

1. ------- you full or do you want to eat something ?

(A) Do
(B) Are
(C) Is
(D) Does Ⓐ Ⓑ Ⓒ Ⓓ

▶ lesson 07-2

4. My coworkers ------- by the time I got to the office.

(A) gone
(B) have gone
(C) had gone
(D) were going Ⓐ Ⓑ Ⓒ Ⓓ

▶ lesson 11-3

2. ------- he working when you came to the office this morning ?

(A) Does
(B) Did
(C) Is
(D) Was Ⓐ Ⓑ Ⓒ Ⓓ

▶ lesson 11-1

5. If I ------- you, I would try it again.

(A) am
(B) were
(C) had been
(D) be Ⓐ Ⓑ Ⓒ Ⓓ

▶ lesson 22-1

3. ------- did you get up this morning ?

(A) What
(B) When
(C) Who
(D) Whose Ⓐ Ⓑ Ⓒ Ⓓ

▶ lesson 23-1

6. This material is expensive ------- very useful.

(A) and
(B) or
(C) but
(D) if Ⓐ Ⓑ Ⓒ Ⓓ

▶ lesson 18-1

7. ------- Mr. Gordon and I need to go there by plane ?

(A) Are
(B) Does
(C) Do
(D) Isn't　　　Ⓐ Ⓑ Ⓒ Ⓓ

▶ lesson 07-4

8. How ------- will you pay for the products ?

(A) many
(B) much
(C) far
(D) long　　　Ⓐ Ⓑ Ⓒ Ⓓ

▶ lesson 23-3

9. A person ------- always eats fatty food gains weight easily.

(A) who
(B) which
(C) what
(D) whose　　　Ⓐ Ⓑ Ⓒ Ⓓ

▶ lesson 15-1

10. Outstanding sales performance ------- the board of directors last year.

(A) satisfy
(B) satisfies
(C) satisfied
(D) satisfying　　　Ⓐ Ⓑ Ⓒ Ⓓ

▶ lesson 21-4

11. What ------- you going to do this weekend ?

(A) do
(B) are
(C) were
(D) will　　　Ⓐ Ⓑ Ⓒ Ⓓ

▶ lesson 13-1

12. I think this is the ------- way to solve the problem.

(A) effect
(B) as effective as
(C) more effective
(D) most effective　　　Ⓐ Ⓑ Ⓒ Ⓓ

▶ lesson 17-3

13. I ------- a cup of coffee every morning.

(A) drink
(B) not drink
(C) am drink
(D) doesn't drink　　　Ⓐ Ⓑ Ⓒ Ⓓ

▶ lesson 07-3

14. His presentation had already finished ------- I got to the room.

(A) when
(B) by
(C) after
(D) since　　　Ⓐ Ⓑ Ⓒ Ⓓ

▶ lesson 11-4

ランダム演習

15. Don't open this window ------- business hours.

(A) while
(B) between
(C) in
(D) during ⒶⒷⒸⒹ

▶ lesson 19-3

16. They are all ------- in this office.

(A) work
(B) workers
(C) works
(D) can work ⒶⒷⒸⒹ

▶ lesson 06-3

17. Do you know ------- the sales meeting will be held ?

(A) who
(B) what
(C) whose
(D) where ⒶⒷⒸⒹ

▶ lesson 23-2

18. I'm not ready so I ------- be late for the meeting.

(A) will
(B) am going to
(C) was
(D) did ⒶⒷⒸⒹ

▶ lesson 13-3

19. We want to get some ------- for the meeting.

(A) information
(B) informations
(C) inform
(D) informative ⒶⒷⒸⒹ

▶ lesson 06-2

20. The director suggested that Mr. Miller ------- the meeting.

(A) attend
(B) attends
(C) attending
(D) attended ⒶⒷⒸⒹ

▶ lesson 22-4

21. She looked ------- different that her father didn't recognize her.

(A) or
(B) so
(C) if
(D) and ⒶⒷⒸⒹ

▶ lesson 18-4

22. Do you know the woman ------- to our boss ?

(A) talk
(B) talked
(C) talking
(D) talker ⒶⒷⒸⒹ

▶ lesson 14-2

23. Every staff member is ------- to take a promotional exam.

(A) encourage
(B) encouraging
(C) encouraged
(D) encouragement Ⓐ Ⓑ Ⓒ Ⓓ

▶ lesson 21-3

24. You ------- to stay here with the manager until 9 P.M.

(A) can
(B) ought
(C) must
(D) should Ⓐ Ⓑ Ⓒ Ⓓ

▶ lesson 04-1

25. ------- he putting on his jacket ?

(A) Are
(B) Does
(C) Do
(D) Is Ⓐ Ⓑ Ⓒ Ⓓ

▶ lesson 09-3

26. I think it ------- tonight.

(A) rain
(B) rained
(C) will rain
(D) is raining Ⓐ Ⓑ Ⓒ Ⓓ

▶ lesson 13-4

27. When did you finish ------- the budget proposal ?

(A) make
(B) making
(C) to make
(D) made Ⓐ Ⓑ Ⓒ Ⓓ

▶ lesson 20-3

28. ------- you finished writing a budget proposal yet ?

(A) Have
(B) Did
(C) Do
(D) Are Ⓐ Ⓑ Ⓒ Ⓓ

▶ lesson 10-4

29. Some of the guests ------- to the party came late.

(A) invite
(B) invited
(C) inviting
(D) invitation Ⓐ Ⓑ Ⓒ Ⓓ

▶ lesson 14-4

30. We share the stationery -------.

(A) classroom
(B) this classroom
(C) in this classroom
(D) in this classroom is Ⓐ Ⓑ Ⓒ Ⓓ

▶ lesson 06-4

31. We ------- in New York and we are very happy.

(A) are live
(B) live
(C) go
(D) have   Ⓐ Ⓑ Ⓒ Ⓓ

▶ lesson 03-3

32. Would you lower the price ------- we paid in cash ?

(A) if
(B) because
(C) but
(D) and   Ⓐ Ⓑ Ⓒ Ⓓ

▶ lesson 18-2

33. The waitress ------- food right now.

(A) is served
(B) is serving
(C) serve
(D) serves   Ⓐ Ⓑ Ⓒ Ⓓ

▶ lesson 09-2

34. The directors at London branch ------- leave tomorrow morning. Their plane is at 9 A.M.

(A) is going to
(B) are going to
(C) was going to
(D) will   Ⓐ Ⓑ Ⓒ Ⓓ

▶ lesson 13-2

35. Many paintings are hanging ------- the wall.

(A) on
(B) in
(C) at
(D) to   Ⓐ Ⓑ Ⓒ Ⓓ

▶ lesson 19-1

36. The man is ------- out the merchandise from the rack.

(A) pick
(B) picking
(C) picks
(D) being pick   Ⓐ Ⓑ Ⓒ Ⓓ

▶ lesson 09-4

37. Our manager ------- out many errors and problems at every meeting.

(A) point
(B) points
(C) pointing
(D) is pointing   Ⓐ Ⓑ Ⓒ Ⓓ

▶ lesson 09-1

38. We didn't see ------- at that time.

(A) he
(B) his
(C) him
(D) she   Ⓐ Ⓑ Ⓒ Ⓓ

▶ lesson 02-1

39. I go to ------- in Tokyo.

(A) an university
(B) a university
(C) classroom
(D) campus   Ⓐ Ⓑ Ⓒ Ⓓ

▶ lesson 01-4

40. A famous actress in Japan ------- to France last year.

(A) go
(B) goes
(C) went
(D) gone   Ⓐ Ⓑ Ⓒ Ⓓ

▶ lesson 10-2

41. He seems ------- than yesterday.

(A) good
(B) better
(C) best
(D) worst   Ⓐ Ⓑ Ⓒ Ⓓ

▶ lesson 17-4

42. Several months have passed ------- he came to Chicago.

(A) in
(B) since
(C) for
(D) at   Ⓐ Ⓑ Ⓒ Ⓓ

▶ lesson 10-3

43. She showed us a lot of pictures ------- in Italy eight years ago.

(A) take
(B) took
(C) taken
(D) taking   Ⓐ Ⓑ Ⓒ Ⓓ

▶ lesson 14-3

44. Ms. Yamada and Mr. Jones ------- Tokyo every summer.

(A) visit
(B) go
(C) are
(D) get   Ⓐ Ⓑ Ⓒ Ⓓ

▶ lesson 03-4

45. We would purchase the products if they ------- so expensive.

(A) are
(B) aren't
(C) were
(D) weren't   Ⓐ Ⓑ Ⓒ Ⓓ

▶ lesson 22-2

46. I can't believe ------- he said.

(A) which
(B) who
(C) whose
(D) what   Ⓐ Ⓑ Ⓒ Ⓓ

▶ lesson 15-2

ランダム演習

127

47. Carry is the most beautiful lady ------- I have ever seen.

(A) that
(B) whose
(C) what
(D) she

Ⓐ Ⓑ Ⓒ Ⓓ

▶ lesson 15-3

48. Could you tell me the reason ------- you resigned from the position ?

(A) when
(B) where
(C) why
(D) what

Ⓐ Ⓑ Ⓒ Ⓓ

▶ lesson 16-3

49. Staff members in this company are all -------.

(A) happy
(B) happiness
(C) happily
(D) happinesses

Ⓐ Ⓑ Ⓒ Ⓓ

▶ lesson 05-2

50. You and I ------- good friends.

(A) are
(B) do
(C) am
(D) is

Ⓐ Ⓑ Ⓒ Ⓓ

▶ lesson 03-2

51. Which is ------- for you, smartphones or notebook computers ?

(A) usefuler
(B) more useful
(C) most useful
(D) as useful as

Ⓐ Ⓑ Ⓒ Ⓓ

▶ lesson 17-2

52. He is a director ------- daughter is a famous singer.

(A) what
(B) whose
(C) which
(D) who

Ⓐ Ⓑ Ⓒ Ⓓ

▶ lesson 15-4

53. She eats meals extremely -------.

(A) slow
(B) slowly
(C) slower
(D) slows

Ⓐ Ⓑ Ⓒ Ⓓ

▶ lesson 05-3

54. Professor Jones made a ------- discovery last year.

(A) surprise
(B) surprised
(C) surprising
(D) surprisingly

Ⓐ Ⓑ Ⓒ Ⓓ

▶ lesson 14-1

55. Adam Architecture Ltd. proposed ------- costs for construction than Smith Corporation did.

(A) low
(B) lower
(C) lowest
(D) cheap ⒶⒷⒸⒹ

▶ lesson 17-1

56. Please turn in the report ------- tomorrow evening.

(A) until
(B) by
(C) at
(D) in ⒶⒷⒸⒹ

▶ lesson 19-2

57. ------- is very important for me.

(A) Happy
(B) Happiness
(C) Glad
(D) Exciting ⒶⒷⒸⒹ

▶ lesson 06-1

58. ------- does he go to the gym to lose weight ?

(A) How often
(B) How old
(C) What
(D) What kind of ⒶⒷⒸⒹ

▶ lesson 23-4

59. This is a suitable area ------- we should build a new plant.

(A) which
(B) where
(C) who
(D) what ⒶⒷⒸⒹ

▶ lesson 16-1

60. Are we ------- to leave here now ?

(A) should
(B) can
(C) able
(D) must ⒶⒷⒸⒹ

▶ lesson 04-4

61. ------- Dr. Johnson and his assistants in the laboratory now ?

(A) Is
(B) Do
(C) Does
(D) Are ⒶⒷⒸⒹ

▶ lesson 08-4

62. All of them have the idea ------- they can do it.

(A) and
(B) or
(C) that
(D) if ⒶⒷⒸⒹ

▶ lesson 18-3

ランダム演習

63. Where is a retail shop ------- you worked for ?

(A) which
(B) where
(C) whose
(D) why   Ⓐ Ⓑ Ⓒ Ⓓ

▶ lesson 16-4

64. When she got to the office, she offered ------- me immediately.

(A) to help
(B) help
(C) helping
(D) helper   Ⓐ Ⓑ Ⓒ Ⓓ

▶ lesson 20-2

65. Mr. Cho walks very ------- from his office to the station.

(A) fast
(B) rapid
(C) early
(D) quick   Ⓐ Ⓑ Ⓒ Ⓓ

▶ lesson 05-4

66. Customers are very interested in ------- our new products.

(A) purchase
(B) purchasing
(C) to purchase
(D) purchased   Ⓐ Ⓑ Ⓒ Ⓓ

▶ lesson 20-4

67. Were the lists ------- up by Fred ?

(A) draw
(B) drawing
(C) drew
(D) drawn   Ⓐ Ⓑ Ⓒ Ⓓ

▶ lesson 21-2

68. He can't ------- a letter in English.

(A) writing
(B) not write
(C) am write
(D) write   Ⓐ Ⓑ Ⓒ Ⓓ

▶ lesson 07-1

69. They ------- very quiet in the classroom.

(A) is
(B) eat
(C) are
(D) make   Ⓐ Ⓑ Ⓒ Ⓓ

▶ lesson 03-1

70. If I had gotten that information, I wouldn't ------- the stock.

(A) buy
(B) bought
(C) have bought
(D) buying   Ⓐ Ⓑ Ⓒ Ⓓ

▶ lesson 22-3

71. One of the staff members ------- a lot of experience.

(A) has
(B) is
(C) have
(D) are

Ⓐ Ⓑ Ⓒ Ⓓ

▶ lesson 08-2

72. Shall we go to the meeting room ------- the problem ?

(A) discuss
(B) discussing
(C) discussion
(D) to discuss

Ⓐ Ⓑ Ⓒ Ⓓ

▶ lesson 20-1

73. ------- I open the window ?

(A) Would
(B) Will
(C) Must
(D) Shall

Ⓐ Ⓑ Ⓒ Ⓓ

▶ lesson 04-3

74. He went to work ------- the pain in his leg.

(A) but
(B) although
(C) in spite of
(D) however

Ⓐ Ⓑ Ⓒ Ⓓ

▶ lesson 19-4

75. ------- of the items displayed here are for sale.

(A) No
(B) One
(C) None
(D) Another

Ⓐ Ⓑ Ⓒ Ⓓ

▶ lesson 02-3

76. Both you and I ------- sushi.

(A) love
(B) loves
(C) loving
(D) to love

Ⓐ Ⓑ Ⓒ Ⓓ

▶ lesson 08-3

77. At the meeting, the manager gave me a ------- of advice.

(A) loaf
(B) glass
(C) sheet
(D) piece

Ⓐ Ⓑ Ⓒ Ⓓ

▶ lesson 01-3

ランダム演習

78. This museum ------- 50 years ago.

(A) build
(B) built
(C) is built
(D) was built

Ⓐ Ⓑ Ⓒ Ⓓ

▶ lesson 21-1

79. Our company has a lot of ------- about the new product.

(A) informing
(B) information
(C) inform
(D) informations (A)(B)(C)(D)

▶ lesson 01-1

80. How far is ------- from your house to your office ?

(A) it
(B) this
(C) those
(D) you (A)(B)(C)(D)

▶ lesson 02-2

81. I have two computers : one is a desktop and ------- is a laptop.

(A) another
(B) the other
(C) one
(D) the others (A)(B)(C)(D)

▶ lesson 02-4

82. A customer ------- me the day before yesterday.

(A) call
(B) calls
(C) called
(D) had called (A)(B)(C)(D)

▶ lesson 11-2

83. Mr. Tanaka and I ------- in Amsterdam now.

(A) am
(B) is
(C) are
(D) were (A)(B)(C)(D)

▶ lesson 08-1

84. Mr. Smith has never traveled -------.

(A) plane
(B) by plane
(C) by a plane
(D) by the plane (A)(B)(C)(D)

▶ lesson 01-2

85. I'm curious about ------- Tom got this job.

(A) how
(B) what
(C) the way how
(D) whose (A)(B)(C)(D)

▶ lesson 16-2

86. The school trip to Kyoto was a very ------- event from my high-school days.

(A) memory
(B) memorize
(C) memorable
(D) memories (A)(B)(C)(D)

▶ lesson 05-1

87. ------- you hold the box for me ?

(A) Would
(B) Should
(C) Shall
(D) Must   Ⓐ Ⓑ Ⓒ Ⓓ

▶ lesson 04-2

88. They have never ------- a meeting in Japan.

(A) hold
(B) held
(C) been held
(D) holding   Ⓐ Ⓑ Ⓒ Ⓓ

▶ lesson 10-1

ランダム演習

おわりに [AFTERWORD]

　　初版刊行時から本書の監修をつとめさせていただいている白野伊津夫です。
　この『TOEIC® L&R テスト書きこみノート文法編』には、TOEIC L&R テス
トを受験されるみなさんに、ぜひ身につけていただきたい文法のエッセンスが凝
縮されています。本書の書きこみトレーニングで学び、実戦問題を解く中で鍛え
上げた力は、みなさんが目標スコアを達成するための土台となるだけでなく、グ
ローバルな舞台で活躍する上でも必要な実践的な英語力と言えます。私は大学
で学生たちとともに、TOEIC の英文を素材に読む、聞く、書く、話すトレーニ
ングをする「TOEIC まみれ」の日々を過ごしてきました。そのような日々を経て、
大学を卒業し、今も国際的な場で活躍している教え子たちが口々に述べるのは、
「大学時代、TOEIC に取り組んでよかった」という感想です。教え子たちの声
をすこしご紹介しましょう。

＊ TOEIC の学習を通じて、実際のシチュエーションで使用される英語に数多く
触れることができます。最初は就職活動に向けた学習として始めたものでしたが、
覚えた単語や表現は社会に出てからも一つも無駄になっていないと感じています。
　　　　　　　　　　　　　　　　　　　　　　　　（I さん、フライトアテンダント）

＊ Part 5 は文法が苦手な私にとって最も英語力が鍛えられたパートです。外資
系航空会社の就職試験では、Part 5 のような穴埋め問題が出題されました。
試験内容はビジネス英語が中心であり、ほぼ TOEIC と同様の内容でした。苦
手だったからこそ、何度も Part 5 を解いたことが試験本番で大いに役立ちまし
た。
　また、庶務的な手続きや上司とのコミュニケーション、メールなどで、Part 6
で学んだ例文はとても参考になりました。英語の表現だけでなく、文章の構成
も Part 6 を参考にして作成したことで、常にスムーズなコミュニケーションが取
れていました。　　　　　　　　　　　　　　　（O さん、元フライトアテンダント）

＊ Part 5 で出題される文法や語彙の表現は、日常的に利用できるものばかり
です。実際の仕事で、お食事のサービス時に料理や様々な種類のワインを提案
する際には、比較の表現や前置詞、接続詞などが会話で頻繁に使われます。正
しい文法を使用した会話は、Part 5 で学んだ実用的な語彙や表現に基づくもの
であり、私の英語力を向上させる一助となっています。　　　（T さん、航空業界）

＊ 予約管理などのグローバルオペレーションの勤務中、ほとんどのコミュニケー
ションが英語のメールで行われました。TOEIC を通じて身につけたメールの読
み方やビジネス文書の表現は、現場で大いに活かされました。　　（O さん、観光業）

＊ TOEIC の問題をくり返し解くことで、教科書中の熟語や単語だけでなく、日
常会話や仕事中のコミュニケーションでも自然に使用できるようになりました。

また応用してさまざまな会話で使えるようになると会話のバリエーションや言い回しの種類が増え、自分の伝えたい事が相手に伝わりやすくなりました。

　TOEICを通じてビジネス文書や会話に慣れることで、就職後に業界を変えても問題ないくらいの英語力が身につきました。仕事で文書を読む際にはたとえ単語がわからなくても前後の文脈から見当がつけられますし、専門用語さえ覚えてしまえばどんな業界でも業務上の会話には対応できるので、ほんとうに助かっています。

（Sさん、航空業界）

✱　メールの文を書く際には、TOEICの問題集に掲載されているPart 6やPart 7の英文が非常に参考になりました。とくにPart 7の問題を解いたり音読したりしたおかげで、Please let us know if you have any questions.（ご質問がございましたらお知らせください）のような定型表現がすぐに思い浮かぶようになりました。

（Tさん、航空業界）

✱　広告や案内、海外の市場調査などで必要な情報をインターネットで探す際に、Part 7対策で鍛えた速読スキルが役に立っています。TOEICでは設問を読み、必要な情報を意識しながら文書を読むことを意識してきました。実際の日常生活でも、資料や記事から自分に必要な情報を見つけるので、TOEICの英文を読む際に行っているアプローチが、実生活で英文を読む際にも通用することに気づきました。

（Kさん、語学学校勤務）

　本書がみなさんのTOEIC L&Rテストのスコア向上に貢献し、世界で活躍するための英語力を身につけるきっかけになることを願っています。次はみなさんが世界の舞台に立つ番です。

2023年9月
白野伊津夫

編集スタッフ [STAFF]

//

ブックデザイン ------ ナカムラグラフ
　　　　　　　　　　　（中村圭介、野澤香枝、鈴木茉弓）
イラストレーション --- 加納徳博
編集協力 ---------- 佐野美穂、高木直子、渡辺泰葉
英文校閲 ---------- Scott Spears、Kathryn A. Craft
ナレーション ------- Chris Koprowski、
　　　　　　　　　　　RuthAnn Morizumi、横山明日香
　　　　　　　　　　　Howard Colefield
音源制作協力 ------- 株式会社メディアスタイリスト、
　　　　　　　　　　　一般財団法人 英語教育協議会
データ作成 -------- 株式会社四国写研
印刷所 ----------- 株式会社リーブルテック

本書は2012年に弊社より刊行した『TOEIC®テスト書きこみ
ノート文法編』および2016年弊社より刊行した『TOEIC®テ
スト書きこみノート文法編　新形式に対応！』に加筆、修正を
加えて、リニューアルしたものです。

TOEIC®L&Rテスト
書きこみノート
文法編

BASIC ENGLISH GRAMMAR EXERCISE TO IMPROVE YOUR TOEIC® L&R TEST SCORE

解答 & 解説編
answer & explanation

Gakken

lesson 01 名詞

ドリルでトレーニング！
問題 ▶ 本冊 P.014

✳ 答え

1. 練習 / 幸せ / 水 / 富士山
2. pen / chair / apple
3. (1) water　　a glass of
　 (2) paper　　a sheet of
　 (3) coffee　　a cup of
　 (4) bread　　a loaf of
　 (5) advice　　a piece of
4. ✕ a apple　　◯ an apple
　 ✕ a sun　　◯ the sun
　 ✕ an pen　　◯ a pen
　 ✕ a Tokyo　　◯ Tokyo
　 ✕ a beer　　◯ beer（不可算名詞）

✳ 解答のヒント

1. 名詞は「人」や「もの」の名前です。このことは日本語でも英語でも同じです。わからない場合は、身の回りの「もの」の名前を調べてみましょう。ちなみに答えの日本語を英語にすると exercise、happiness、water、Mt.Fuji。
2. 可算名詞＝固体をイメージ。
3. 不可算名詞には相性のよい単位があります。
4. 名詞の先頭の文字、固体かどうか、地名かどうかなどに注目してみましょう。

TOEIC レベルにチャレンジ！
問題 ▶ 本冊 P.015

✳ 答え

1. (B)　2. (B)　3. (D)　4. (B)

✳ 解き方

1. ［日本語訳］わが社はこの新製品について多くの情報をもっている。
　［解説］量を表す表現 a lot of の後ろには可算名詞か不可算名詞のどちらかを置くので、まず(A)informing と(C)inform は消える。information は不可算名詞なので、語尾に s はつけられない。よって(D)informations も消えて、正解は(B)information。
2. ［日本語訳］スミス氏は一度も飛行機で旅行したことがない。
　［解説］「〜で」という移動の手段を表すために前置詞 by が必要。この意味の by の後ろには、無冠詞の名詞がくるので、(B)by plane が正解。
3. ［日本語訳］会議で部長はひとつの助言をくれた。
　［解説］不可算名詞 advice と相性がよい単位は a piece of なので、(D)piece が正解。
4. ［日本語訳］私は東京の大学に通っている。
　［解説］university の頭文字は u ＝母音に見えるので、冠詞 an をつけたくなるが、実際の発音は「ユ」となるので冠詞 a がついた(B)a university が正解となる。(C)classroom「教室」と(D)campus「大学」は可算名詞なので使うときには a が必要。

解答＆解説

lesson 02 代名詞

ドリルでトレーニング！
問題 ▶ 本冊 P.018

✳ 答え

1. (1) that　(2) these　(3) her
　 (4) your　(5) our　(6) their
2. (1) your　(2) We　(3) him
　 (4) mine　(5) them
3. (1) Each　(2) another　(3) None

✳ 解答のヒント

1. 解説ページの代名詞の表をくりかえし読んで覚えましょう。
2. 文のどの位置にあるかに注意し、文中での働きを見極めます。

［日本語訳］**(1)** 私はあなたのシャツが大好きです。
　　　　　(2) 私たちは英語を勉強する。
　　　　　(3) 彼らは彼を知っている。
　　　　　(4) 「これはあなたのものですか」
　　　　　　　　「はい、わたしのものです」
　　　　　(5) 毎週日曜日彼女は彼らに会う。
3. 不定代名詞の使い分けを思い出そう。
　［日本語訳］**(1)** 社員1人ひとりが自分のメールアドレスを持っている。
　　　　　(2) 私はこれは好きではありません。他のものを見せてください。
　　　　　(3) 3人の男のうち誰も森から帰ってこなかった。

TOEIC レベルにチャレンジ！ 　問題 ▶ 本冊 P.019

✳ **答え**

　1. (C)　**2.** (A)　**3.** (C)　**4.** (B)

✳ **解き方**

1.［日本語訳］私たちはその時彼を見なかった。
　　［解説］動詞 see の後ろにくるのは、目的格なので(C)him が正解。
2.［日本語訳］あなたの家から会社までの距離はどのくらいですか。
　　［解説］距離を表すときの主語は it を使うので(A)it が正解。
3.［日本語訳］ここに展示してあるものはどれも売り物ではない。
　　［解説］空欄の後ろに〈of the ＋複数名詞〉があるので(A)No と(D)Another は消える。文後半の be 動詞が are なので主語は複数になるとわかり(B)One も消える。正解は(C)None。ちなみに None of の後に複数の名詞や代名詞がくる場合、単数・複数両方の扱いができる。
4.［日本語訳］私はコンピューターを2台持っている。1つはデスクトップで、もう1つはラップトップだ。
　　［解説］この問題のポイントは文前半で「2台」という指定がされていること。One で1つめのコンピューターが説明されているので、残りのもう1つは the で特定された単数形の(B)the other が正解。

PART 1_ 英語の基本になるパーツ ［品詞］

```
Lesson 03 動詞
```

ドリルでトレーニング！ 　問題 ▶ 本冊 P.022

✳ **答え**

　1. **(1)** 一般動詞　**(2)** be 動詞
　　　(3) be 動詞　**(4)** be 動詞
　　　(5) be 動詞　**(6)** 一般動詞
　2. **(1)** am　**(2)** is　**(3)** are　**(4)** are
　3. **(1)** sleep　**(2)** work　**(3)** walk
　　　(4) have　**(5)** visit

✳ **解答のヒント**

1. 日本文の後半のことばが動きを表すものであれば一般動詞、状態であれば be 動詞を選びます。問題にある日本語を英語にすると次のようになります。
　(1) I live in Tokyo.
　(2) They are Americans.
　(3) We are doctors.
　(4) She is angry.
　(5) It is hot in this room.
　(6) Our president comes to the office early in the morning.
2. 文頭の主語に注目。主語が単数か複数かにも意識を。
　［日本語訳］**(1)** 私は今幸せだ。
　　　　　(2) 山崎氏は教師だ。
　　　　　(3) 彼らはカナダ人だ。
　　　　　(4) 私の両親は2人とも50歳を越えている。
3. 空欄の直後の情報が動詞選びのカギ。
　［日本語訳］**(1)** あなたは夜、8時間眠る。
　　　　　(2) 彼らは銀行で働く。
　　　　　(3) 私は毎日会社まで歩く。
　　　　　(4) あなたはたくさんの時間とお金をもっている。
　　　　　(5) 私たちは年に1度ニューヨークを訪れる。

TOEIC レベルにチャレンジ！ 問題▶本冊 P.023

✳ 答え

1. (C) **2.** (A) **3.** (B) **4.** (A)

✳ 解き方

1. [日本語訳] 彼らは教室でとても静かだ。
　　[解説] 主語が They で複数なので、(A)is は消える。空欄の直後が very quiet で「とても静かだ」という「状態」を表しているので、一般動詞である(B)eat と(D)make が消えて、正解は(C)are。

2. [日本語訳] あなたと私はよい友達だ。
　　[解説] 主語は You and I。空欄の直前にある I につられて(C)am を選ばないように注意。「あなたと私」は 2 人＝複数なので、複数形の主語に対応する動詞(A)are を選ぶ。

3. [日本語訳] 私たちはニューヨークに住んでいてとても幸せだ。
　　[解説] be 動詞と一般動詞がそのままの形で隣り合うことはないので(A)are live は不可。空欄直後に in New York「ニューヨーク（の中）に」という地名がきていて、意味が通るのは(B)live。(C)go の後には to がくることが多く、(D)have の後には名詞がくる。

4. [日本語訳] 山田さんとジョーンズ氏は毎年夏に、東京を訪問する。
　　[解説] 空欄の直後がポイント。Tokyo という地名を直後に置けるのは(A)visit のみ。(B)go は to を後ろに置けば使える。

PART 1_ 英語の基本になるパーツ [品詞]

Lesson **04** 助動詞

ドリルでトレーニング！ 問題▶本冊 P.026

✳ 答え

1. (1) Could (2) must (3) Shall

---

(4) Should

2. (1) May I open the window ?
　　(2) Can you carry my bag ?
　　(3) Shall I open the door ?
　　(4) We can walk to the station.

✳ 解答のヒント

1. 日本文から「依頼」「義務」「提案」などのニュアンスを読みとりましょう。

2. 疑問文は〈助動詞＋主語（人）＋動詞＋名詞〉の語順で。

TOEIC レベルにチャレンジ！ 問題▶本冊 P.027

✳ 答え

1. (B) **2.** (A) **3.** (D) **4.** (C)

✳ 解き方

1. [日本語訳] あなたは午前 9 時まで部長と一緒にここにいるべきだ。
　　[解説] 空欄の後ろに to が置けるのは正解の(B)ought だけ。ought to ～で「～すべきである」の意味。その他は後ろに動詞の原形がくる。

2. [日本語訳] この箱を持っていてくれますか。
　　[解説] 空欄の後ろの主語が you なので、「依頼」の助動詞(A)Would が正解。

3. [日本語訳] 窓を開けましょうか。
　　[解説] 主語が I なので、「提案」の助動詞(D)Shall が当てはまる。

4. [日本語訳] 私たちは今ここを離れることができますか。
　　[解説] 文頭の be 動詞 Are と組み合わせることができるのは(C)able のみ。他の選択肢は助動詞なので、疑問文のとき文頭にくる。

解答＆解説

lesson 05 形容詞・副詞

ドリルでトレーニング！ 問題 ▶ 本冊 P.030

✳ 答え

1. (1) 副詞　(2) 副詞　(3) 形容詞
   (4) 形容詞　(5) 副詞　(6) 形容詞
2. ① slowly　② ゆっくりと
   ③ quick　④ はやく
   ⑤ happy　⑥ 幸せに
   ⑦ beautifully　⑧ 美しく
   ⑨ actively　⑩ 活発に
   ⑪ immediately　⑫ すぐに
   ⑬ careful　⑭ 注意深く
3. (1) He can run very fast.
   (2) They always drink a glass of water.
   (3) Her lectures are very understandable.

✳ 解答のヒント

1. それぞれの単語の語尾に注目。
2. 同じ列の形容詞か副詞を参考に形を考えてみましょう。
3. まずは主語と動詞を見つけてから、他の単語をどこに置くかを考えてみましょう。
   [日本語訳] (1) 彼はとても速く走れる。
   (2) 彼らはいつも水を一杯飲む。
   (3) 彼女の講義はとてもわかりやすい。

TOEIC レベルにチャレンジ！ 問題 ▶ 本冊 P.031

✳ 答え

1. (C)　2. (A)　3. (B)　4. (A)

✳ 解き方

1. [日本語訳] 京都への修学旅行は私の高校時代のとても印象深い行事だった。

[解説] 空欄の直前に副詞 very、直後に名詞 event があるので、空欄に入るのは形容詞だとわかる。選択肢の中で形容詞は(C)memorable だけ。-able という語尾からも形容詞だとわかる。(A)memory と(D)memories は名詞。(B)memorize は動詞。

2. [日本語訳] この会社の社員は全員幸せだ。

[解説] 空欄の前に be 動詞と副詞 all があるので空欄に入るのは形容詞(A)happy だけ。(B)happiness は不可算名詞。よって語尾に複数形の s はつけられないので(D)happinesses は不可。(C)happily は副詞なので不可。

3. [日本語訳] 彼女は食事を極端にゆっくり食べる。

[解説] 空欄の直前に副詞 extremely があるので、後ろに置けるのは副詞か形容詞だと見極める。さらに前の一般動詞 eat を修飾するには副詞が必要なので、正解は(B)slowly。

4. [日本語訳] 張氏は会社から駅までとても速く歩く。

[解説] 選択肢はすべて「はやい、はやく」という意味の単語。ここでは一般動詞 walk を修飾するので「スピードが速い」という意味の副詞(A)fast が正解。(B)rapid と(D)quick はともに形容詞で、(C)early は「時間・時期が早い」という意味なので意味的にここには合わない。

lesson 06 単語の役割と文

ドリルでトレーニング！ 問題 ▶ 本冊 P.036

✳ 答え

1. (1) workers / come
   (2) people / want
   (3) president / Is
2. (1) Japanese　(2) busy
   (3) cats　(4) students
3. (1) 句　(2) 文　(3) 節

(4) 句　(5) 文　(6) 節

✳ 解答のヒント

1. 主語は文頭、述語動詞は主語の後にあります。疑問文の場合、be 動詞は文頭に置かれます。

2. 目的語は「～を」と訳し、補語は形容詞や名詞。

3. 主語と動詞があってピリオドかクエスチョンマークで終わっていれば文、先頭に接続詞があるときは節、それ以外は句です。

TOEIC レベルにチャレンジ！ 問題 ▶ 本冊 P.037

✳ 答え

1. (B)　**2.** (A)　**3.** (B)　**4.** (C)

✳ 解き方

1. [日本語訳] 幸せであることは私にとってとても重要である。
   [解説] 空欄は文頭にあり、直後には be 動詞があることから空欄に入る単語は主語になることがわかる。主語になれるのは名詞なので(B)Happiness が正解。他の選択肢はすべて形容詞。

2. [日本語訳] 私たちは会議のために情報が欲しい。
   [解説] 空欄の直前に他動詞 get があるので、空欄には名詞が入る。動詞の(C)inform と形容詞の(D)informative は消える。information は不可算名詞なので、語尾に複数形の s がある(B)informations は不可。よって正解は(A)information。

3. [日本語訳] 彼らは全員この会社の社員だ。
   [解説] be 動詞 are の後ろに置けるのは補語になる名詞か形容詞。主語が They で文の内容から考えて、空欄に入るのは(B)workers だけ。

4. [日本語訳] この教室で私たちは文房具を共有している。
   [解説] 空欄の前で文が完成しているのがポイント。追加情報である「場所」を前置詞 in と名詞 this classroom という句でつなげている(C)in this classroom が正解。

lesson **07** 文の種類

ドリルでトレーニング！ 問題 ▶ 本冊 P.040

✳ 答え

1. (1) Do you like cats ?
   (2) Mr. Huston does not speak Japanese.
   (3) Ms. Hasegawa is very happy.
   (4) I love my hometown.
   (5) They can't eat natto.

2. (1) They don't eat lunch together.
   (2) Our company has a big office.
   (3) Are you happy now ?
   (4) My manager and I go to Kyoto by plane.

✳ 解答のヒント

1. まずは主語と動詞をどれにするか決めてから、他の単語を配置してみましょう。
   [日本語訳] (1) あなたはネコが好きですか。
   (2) ヒューストン氏は日本語を話さない。
   (3) 長谷川さんはとても幸せです。
   (4) 私は故郷を愛しています。
   (5) 彼らは納豆を食べられない。

2. まずは日本語の順番を主語→動詞→目的語→修飾語と入れ替えてから英語に。

TOEIC レベルにチャレンジ！ 問題 ▶ 本冊 P.041

✳ 答え

1. (D)　**2.** (B)　**3.** (A)　**4.** (C)

✳ 解き方

1. [日本語訳] 彼は英語で手紙を書けない。
   [解説] 助動詞の否定形 can't の後ろには動詞

の原形を置くので、正解は(D)write。

2. [日本語訳] お腹いっぱいですか、それとも何か食べたいですか。

[解説] 空欄の後ろに主語と形容詞 full があるので、be 動詞(B)Are が正解。後半の do you の文につられないように。

3. [日本語訳] 私は毎朝コーヒーを一杯飲む。

[解説] 主語が I なので、(D)doesn't drink は消える。正しい否定形は don't drink なので(B)not drink も消える。(C)am drink も be 動詞と一般動詞がそのままの形で隣り合うことはないので不可。正解は(A)drink。

4. [日本語訳] ゴードン氏と私は飛行機でそこに行く必要がありますか。

[解説] 動詞は一般動詞 need なので、疑問文をつくるのに必要なのは be 動詞の(A)Are や(D)Isn't ではなく、Do か Does。主語が Mr. Gordon and I で複数なので、正解は(C)Do。

PART 2_ パーツの並べ方 [文]

Lesson 08 主述の一致

ドリルでトレーニング！   問題 ▶ 本冊 P.044

✳ 答え

1. (1) 現在形：is   過去形：was
    (2) 現在形：are   過去形：were
    (3) 現在形：are   過去形：were
2. he / a cat / happiness / it / this pen / the earth / our pet
3. (1) You speak Japanese.
    (2) She speaks Japanese.
    (3) We speak Japanese.
    (4) We are Japanese.

✳ 解答のヒント

1. be 動詞の現在形は lesson 3 の復習。過去形は was と were を主語の数に応じて使い分けます。
2. 「私」でも「あなた」でもない、単数の人やものが

3 人称単数。
3. 主語に合う動詞の形を意識しましょう。

TOEIC レベルにチャレンジ！   問題 ▶ 本冊 P.045

✳ 答え

1. (C)   **2.** (A)   **3.** (A)   **4.** (D)

✳ 解き方

1. [日本語訳] 田中氏と私は今、アムステルダムにいる。

[解説] 主語が Mr. Tanaka and I という複数なので単数名詞を主語にとる(A)am と(B)is は消える。文末に now「今」があるので、現在形の(C)are が正解。空欄の前の I につられて am を選ばないように注意。

2. [日本語訳] 社員の 1 人は経験がたくさんある。

[解説] 空欄直前の members にだまされないように注意。主語は One of the staff members で「社員の 1 人」つまり単数なので(D)are は消える。3 人称単数なので(C)have も消える。空欄の後ろが a lot of experience「たくさんの経験」なので(A)has が当てはまる。

3. [日本語訳] 私もあなたもお寿司が大好きだ。

[解説] 主語が Both you and I なので複数。3 単現の s がついている(B)loves は消える。主語の直後には述語動詞を置くので(A)love が正解。

4. [日本語訳] ジョンソン博士と助手たちは今、実験室にいますか。

[解説] まず、文中に一般動詞がないので、(B)Do と(C)Does は消える。主語が Dr. Johnson and his assistants という複数なので(A)Is は消えて、(D)Are が正解。

PART 3_ 時間を表すルール ［時制］

⁰⁹ 現在形と現在進行形

✳ ドリルでトレーニング！
問題 ▶ 本冊 P.050

✳ 答え

1. (1) 否定文：You are not [aren't] a system engineer.
疑問文：Are you a system engineer ?

(2) 否定文：Tourists are not [aren't] walking side by side on this street.
疑問文：Are tourists walking side by side on this street ?

(3) 否定文：The doctor does not [doesn't] talk to his patients carefully.
疑問文：Does the doctor talk to his patients carefully ?

2. (1) is (2) Sit (3) is sleeping
(4) goes

✳ 解答のヒント

1. 主語が単数か複数か、動詞の種類などに注目。疑問文については語順も意識して。

2. 主語と文中の時を表す単語がカギになります。
［日本語訳］(1) 地球は丸い。
(2) 座ってください。
(3) 彼は今、自分の部屋で眠っている。
(4) 毎週月曜日、その男性はジムに行く。

✳ TOEIC レベルにチャレンジ！
問題 ▶ 本冊 P.051

✳ 答え

1. (B) **2.** (B) **3.** (D) **4.** (B)

✳ 解き方

1. ［日本語訳］私たちの部長は会議のとき毎回多くの間違いと問題点を指摘する。
［解説］主語の Our manager は3人称単数なので、3単現の s がない(A)point は消える。主語の直後は述語動詞なので(C)pointing も消える。文末に every meeting「毎回の会議」とあるので習慣を表す現在形(B)points が正解。

2. ［日本語訳］そのウェイトレスはまさに今、料理を運んでいる。
［解説］空欄の後ろに目的語があるので受動態の(A)is served は消える。主語 The waitress は3人称単数なので、3単現の s がない(C)serve も消える。文末の now「今」から判断して現在進行形(B)is serving が正解。

3. ［日本語訳］彼はジャケットを着ているところですか。
［解説］主語が3人称単数の he なので(A)Are と(C)Do は消える。主語の後ろに putting という動詞の ing 形がきているので現在進行形をつくる(D)Is が正解。

4. ［日本語訳］その男性は棚から商品を取り出している。
［解説］空欄の直前に be 動詞 is があるので、現在進行形をつくる(B)picking が正解。ちなみに、merchandise は「商品」という意味の少し難しい単語だが、この単語の意味がわからなくても、時制の知識さえあれば、この問題は解ける。

PART 3_ 時間を表すルール ［時制］

解答＆解説

¹⁰ 過去形と現在完了形

✳ ドリルでトレーニング！
問題 ▶ 本冊 P.054

✳ 答え

1. (1) 過去形（帰宅した）
(2) 現在完了形（出たことがない）

　　［解説］ポイントは文末の last year「去年」。
　　　　　　last year は過去の一点を指す表現な
　　　　　　ので、動詞は過去形になる。よって、
　　　　　　正解は(C)went。

3.［日本語訳］彼がシカゴに来て数か月が経った。

　　［解説］現在完了形 have passed とともに使
　　　　　　える、「～以来」という意味の接続詞
　　　　　　は(B)since だけ。since はこのような
　　　　　　接続詞としての機能のほか、直後に
　　　　　　last month や 2012 というような具体
　　　　　　的な日時・年号を置いて、前置詞とし
　　　　　　ても使うことができる。

4.［日本語訳］予算案を書くのはもう終わりましたか。

　　［解説］動詞の形が finished で文末に yet「も
　　　　　　う」がついていることから、現在完了
　　　　　　形だとわかる。よって正解は(A)Have。

---

(3)　現在完了形（住んでいる）
(4)　過去形（住んでいた）
(5)　現在完了形（書き終えた）
2.　(1)　have been　(2)　went
　　(3)　haven't eaten　(4)　Have
　　(5)　haven't　(6)　have heard

✳ **解答のヒント**

1.　過去形が表せるのは「過去の出来事」。現在完了
　　形が表せるのは「経験」「継続」「完了」の３つ。
　　日本文の最後の動詞に注目して、それぞれが表す
　　時を考えてみましょう。

2.　各文の下線部の語句が過去の一点だったら過去
　　形。since や for などで始まる期間を表す表現が
　　ある場合や動詞が過去分詞になっているものは現
　　在完了形。TOEIC L&R テスト本番でもこの問題
　　で下線が引いてあるような語句に注目しましょう。

　［日本語訳］(1)　私は先週の週末からずっと具合が
　　　　　　　　　悪い。
　　　　　　(2)　先月私たちはシドニーに行った。
　　　　　　(3)　私は昨日から何も食べていない。
　　　　　　(4)　以前、ロサンゼルスに行ったこと
　　　　　　　　　がありますか。
　　　　　　(5)　私たちは長い間お互い会っていない。
　　　　　　(6)　私はこの話を２回聞いたことがある。

TOEIC レベルにチャレンジ！ 　問題 ▶ 本冊 P.055

✳ **答え**

1. (B)　2. (C)　3. (B)　4. (A)

✳ **解き方**

1.［日本語訳］彼らは日本で会議を開いたことがない。

　　［解説］空欄の前に have never があるので現
　　　　　　在完了形にする。動詞は過去分詞にな
　　　　　　るので正解は(B)held。hold は「持つ、
　　　　　　つかむ」という意味のほかに、後ろに
　　　　　　目的語として「会議」などを置いて、「開
　　　　　　催する」という意味も表す。hold のこ
　　　　　　の意味を知らなくても、この問題は時
　　　　　　制の知識があれば解くことができる。

2.［日本語訳］日本の有名な女優が去年フランスに

PART 3_ 時間を表すルール ［時制］

Lesson **11**　過去進行形と過去完了形

ドリルでトレーニング！ 　問題 ▶ 本冊 P.058

✳ **答え**

1.　(1)　過去完了形　(2)　過去形
　　(3)　過去進行形
2.　(1)　went
　　「先週末、私たちは映画を見に行った」
　　(2)　Were
　　「ここでバスを待っていたのですか」
　　(3)　had
　　「私はその時までコンピューターを使ったこ
　　とがなかった」
　　(4)　Did
　　「昨日レポートを提出しましたか」

✳ **解答のヒント**

1.　過去形、過去進行形、過去完了形が表せる意味
　　を思い出して、by「～までに」、ago「～前」、
　　when「～した時」のうち、どの表現と相性がよ
　　いかを考えてみましょう。

[日本語訳]（1）　私が出発するまでに太陽は沈んでしまっていた。

　　　　　　（2）　彼は 10 日前に東京に引っ越した。

　　　　　　（3）　電話が鳴った時、彼はシャワーを浴びていた。

2. 時を表すキーワードや動詞の形に注目。

TOEIC レベルにチャレンジ！ 問題 ▶ 本冊 P.059

✳ 答え

> **1.** (D)　**2.** (C)　**3.** (C)　**4.** (A)

✳ 解き方

1.[日本語訳] あなたが今朝このオフィスにやってきた時、彼は働いていましたか。

　[解説] 動詞の形が working になっているので、一緒に使えるのは be 動詞の (C)Is か (D)Was。文後半に when you came「あなたが来たとき」という過去形があるので、be 動詞も過去形にする。正解は (D)Was。

2.[日本語訳] あるお客さんがおととい私に電話をしてきた。

　[解説] the day before yesterday が「おととい」という過去の一点を指すので、動詞は過去形。よって正解は (C)called。

3.[日本語訳] 私がオフィスに到着したときには私の同僚たちは退社していた。

　[解説] 文後半に by the time「その時までには」というフレーズがあり、その後に I got to「着いた」という過去形が使われているので、過去よりも前を表す過去完了形 (C)had gone が正解。

4.[日本語訳] 私が部屋に着いたときには彼のプレゼンはすでに終わっていた。

　[解説] 文前半に had finished という過去完了形、空欄の後ろに I got という過去形が使われていて、出来事が起きた時間の違いを表している。過去完了形と過去形を使う文で用いるのは、選択肢の中では (A)when と (B)by。ただし、空欄の後ろに文がきているので、前置詞 by は当てはまらない。よって正解は (A)when。

PART 3_ 時間を表すルール［時制］

lesson **13** 未来を表す表現

ドリルでトレーニング！ 問題 ▶ 本冊 P.066

✳ 答え

> **1.** （1）① I'm [I am] going to stay home tonight.
> 　　　② I will stay home tonight.
> 　　（2）① She isn't [is not] going to work tonight.
> 　　　② She will not [won't] work tonight.
> **2.** （1）is going to
> 　　　「あの空を見て！」「雨が降りそうだ」
> 　　（2）am going to
> 　　　「なぜジャケットを着ているのですか」「スーパーで牛乳を買ってきます」
> 　　（3）will
> 　　　「いやだ！　財布忘れちゃった」「いいよ、お昼おごってあげる」

✳ 解答のヒント

1. 予定を実行する確率が高い場合は be going to、低い場合は will を使います。文の主語や文の種類に合わせて形を変えるのがポイント。

2. 文脈をふまえて、そうなる確率を考えてみましょう。

TOEIC レベルにチャレンジ！ 問題 ▶ 本冊 P.067

✳ 答え

> **1.** (B)　**2.** (B)　**3.** (B)　**4.** (C)

✳ 解き方

1.[日本語訳] 今週末、何をする予定ですか。

　[解説] 空欄の後ろにある going to と組み合わせられるのは be 動詞だけなので (A)do と (D)will は消える。文末にある時を表す表現が this weekend「今週末」

なので、過去形の(C)were ではなく
(B)are が正解。

2. [日本語訳] ロンドン支部の重役たちは明日の朝出発する予定だ。彼らの飛行機は 9 時発だ。

[解説] 1 文目の最後に tomorrow morning「明日の朝」という近い未来を表す表現があって、2 文目で乗る飛行機のことを説明している。実行確率の高い予定なので、be going to を使う。主語が directors と複数なので be 動詞が are の(B)are going to が正解。

3. [日本語訳] まだ準備ができていないので会議に遅れてしまう。

[解説] 文前半に会議に遅れる理由があるので、起こる確率の高い be going to を使う。よって(B)am going to が正解。

4. [日本語訳] 今夜おそらく雨が降るだろう。

[解説] 文末に tonight「今夜」とあるので、未来の予測を表す文だとわかる。I think を使う時には確率が低い will を使う。よって(C)will rain が正解。

PART 4_ 情報をプラスする表現［修飾］

> ### lesson 14 分詞

ドリルでトレーニング！

問題 ▶ 本冊 P.072

✳ 答え

1. (1) interesting (2) broken
(3) written (4) excited
(5) imported

2. (1) 昨日私たちはすごくおもしろい試合を見た。
(2) あそこに立っている男性は誰ですか。
(3) 彼らはこのデータベースに含まれる個人情報を手に入れたい。
(4) 私はジョンによってつくられた料理が好きだ。

✳ 解答のヒント

1. 空欄の直前や直後の名詞に注目。その名詞と分詞の意味関係を考えましょう。「～している」という関係ならば現在分詞、「～される」という関係ならば過去分詞。

[日本語訳] (1) 私は新聞でおもしろい記事を読んだ。
(2) なぜ壊れたコンピューターを持っているのですか。
(3) 課長によって書かれた手紙を私たちは受け取った。
(4) 多くの興奮した人々が路上で踊っている。
(5) これらはドイツから輸入された車だ。

2. 分詞がどの名詞を説明しているのかを見抜きましょう。

TOEIC レベルにチャレンジ！ 問題 ▶ 本冊 P.073

✳ 答え

1. (C) **2.** (C) **3.** (C) **4.** (B)

✳ 解き方

1. [日本語訳] ジョーンズ教授は去年驚くべき発見をした。

[解説] 選択肢 surprise「驚かせる」は感情表現。人を修飾するときは surprised、ものを修飾するときは surprising となる。空欄の直後の名詞 discovery「発見」はものなので ing をつけた現在分詞にする。よって(C)surprising が正解。

2. [日本語訳] 私たちの上司と話している女性が誰だか知っていますか。

[解説] 空欄直前の名詞 the woman「女性」と talk「話す」の関係を考える。女性（人）が上司と話すので、ing をつけた現在分詞にする。よって(C)talking が正解。

3. [日本語訳] 彼女は 8 年前にイタリアで撮ったたくさんの写真を私たちに見せた。

[解説] 空欄直前の名詞 pictures と take「撮る」の関係をみる。写真（もの）は彼女によって撮られたので、過去分詞にする。よって正解は(C)taken。

4.[日本語訳] パーティーに招待された客の中には遅れてくるものもいた。

[解説] 空欄直前の名詞 the guests「客」と invite「招待する」の関係をみる。客（人）がホストから招待されたので、過去分詞にする。よって(B)invited が正解。

PART 4_ 情報をプラスする表現 [修飾]

lesson
15 関係代名詞

ドリルでトレーニング！　問題 ▶ 本冊 P.076

✱ 答え

1. (1) <u>a man</u> / who
   (2) <u>a company</u> / which
   (3) <u>what</u>
   (4) <u>the house</u> / whose
2. (1) whose　(2) who　(3) which
   (4) What　(5) whom

✱ 解答のヒント

1. 先行詞は名詞、関係代名詞は文中の wh- がつく単語や that です。

[日本語訳](1) 私はフランス語が話せる男性を知っている。
(2) 私たちは携帯電話を販売する会社に勤めている。
(3) 私はあなたが必要とするものを知りたい。
(4) 彼らは屋根が赤い家に住んでいる。

2. 先行詞が人かものか、空欄の後ろが動詞か、名詞か、文がきているかを見て関係代名詞を選びます。

[日本語訳](1) 山田という名前の女性を知っていますか。
(2) 彼はたくさんの美しい建物を設計した有名な建築家だ。
(3) これは昨日私が書いた書類だ。
(4) 私たちに必要なのは時間だ。
(5) 昨日電話で話した顧客に彼女は会いに行くつもりだ。

TOEIC レベルにチャレンジ！　問題 ▶ 本冊 P.077

✱ 答え

1. (A)　2. (D)　3. (A)　4. (B)

✱ 解き方

1.[日本語訳] 脂肪の多い食べ物を常に食べる人は簡単に太る。

[解説] 空欄直前に先行詞があり、人なので(B)which と(C)what は消える。空欄直後に always eats という〈副詞＋動詞〉があるので、(D)whose も消える。主格の関係代名詞(A)who が正解。

2.[日本語訳] 彼の言ったことを私は信じられない。

[解説] 空欄直前に先行詞がなく、直後に〈主語＋動詞〉があるので、先行詞を含む関係代名詞(D)what が正解。

3.[日本語訳] キャリーは私が今まで見た中で一番美しい女性だ。

[解説] 空欄直前に先行詞があるので(C)what と(D)she は消える。空欄直後に主語＋動詞の文があるので(A)that が正解。ちなみに先行詞の前に最上級が使われているときは who・which ではなく that を用いる。

4.[日本語訳] 彼は娘が有名な歌手である取締役です。

[解説] 空欄直前に先行詞となる名詞があり、人なので(A)what と(C)which は消える。空欄直後に動詞がないので、(D)who も消える。冠詞のない名詞 daughter の前に置けるのは正解の(B)whose。

PART 4_ 情報をプラスする表現 [修飾]

lesson
16 関係副詞

ドリルでトレーニング！　問題 ▶ 本冊 P.080

✱ 答え

1. (1) the building　where he lives

解答＆解説

 (2) the reason
   why she decided to retire
 (3) the day
   when you were born

2. (1) ○
 (2) ✕ : when→where
 (3) ○
 (4) ✕ : which→where

✻ 解答のヒント

1. 関係副詞の先行詞はそれぞれ特徴があります。where は場所、why は理由、when は時。

 ［日本語訳］(1) 彼が住んでいる建物
     (2) 彼が退職を決めた理由
     (3) あなたが生まれた日

2. 関係副詞と先行詞の組み合わせに注目。

 ［日本語訳］(1) これがこのエンジンが動く方法です。
     (2) 私たちは大統領が生まれた家を訪れた。
     (3) その取締役は彼が辞める理由を私たちに教えなかった。
     (4) 韓国は彼らが住んでいる国だ。

TOEIC レベルにチャレンジ！ 問題 ▶ 本冊 P.081

✻ 答え

 1.(B) 2.(A) 3.(C) 4.(A)

✻ 解き方

1.［日本語訳］ここは我々が新しい工場を建設するのに適した地域だ。
 ［解説］先行詞 area「地域」があるので、(C)who と(D)what は消える。空欄の後ろが完全な文になっているので関係代名詞の(A)which が消えて、正解は(B)where。

2.［日本語訳］トムがこの仕事を得た方法に私は興味がある。
 ［解説］空欄の後ろに完全な文がきているので、(B)what と(D)whose はまず消える。the way と how はどちらか一方のみを使い関係詞節をつくるので、重ねては

使わない。よって(C)the way how も消えて、正解は(A)how。

3.［日本語訳］なぜその職を辞任したのか教えてくださいますか。
 ［解説］先行詞が reason であることに注目。空欄の後ろも完全な文になっているので関係副詞(C)why が正解。

4.［日本語訳］あなたが働いている小売店はどこですか。
 ［解説］空欄の後ろにきている文が不完全であることがポイント。その場合は関係代名詞が入るので、関係副詞(B)where と(D)why は消える。(C)whose は直後に冠詞のない名詞がくるので、これも消えて正解は(A)which。先行詞が「場所」を表す名詞だからといって where に飛びつくのではなく、関係詞の後ろの文が完全な文か不完全な文かをしっかり確認しよう。

PART 5_ 話の幅を広げる表現［その他の表現］

Lesson 17 原級・比較級・最上級

ドリルでトレーニング！ 問題 ▶ 本冊 P.086

✻ 答え

1. (1) 比較級：smaller
   最上級：smallest
 (2) 比較級：more difficult
   最上級：most difficult
 (3) 比較級：better 最上級：best

2. (1) I am as tall as my sister.
 (2) My brother is taller than I[me].
 (3) This smart phone is more expensive than that computer.
 (4) She bought the most beautiful dress in this shop.

✻ 解答のヒント

1. -er、-est と変化する単語と、more、most がつ

く単語、そして、まったく異なる形に変わる単語があります。

2. まずは「誰・何が」「どういう状態」という文をつくってから、比較するものを追加してみましょう。

TOEIC レベルにチャレンジ！ 問題 ▶ 本冊 P.087

✳ 答え

1. (B) 2. (B) 3. (D) 4. (B)

✳ 解き方

1. [日本語訳] アダム建設株式会社はスミスコーポレーションより安い建設費を提案した。
   [解説] 文後半に比較級と一緒に使う than があるので、比較級の(B)lower が正解。

2. [日本語訳] あなたにとって、スマートフォンとノートパソコンのどちらがより便利ですか？
   [解説] スマートフォンとノートパソコンの2つを比べているので、比較級を使う。useful の比較級は more を使うので(B)more useful が正解。

3. [日本語訳] 私はこれがこの問題を解決するのに最も効果的な方法だと思います。
   [解説] 後ろに名詞 way がきているので形容詞が入る。そのため、名詞の(A)effect は消える。空欄の前に the があるので最上級である(D)most effective が正解。

4. [日本語訳] 彼は昨日より体調がよくなったようだ。
   [解説] 文後半に比較級と一緒に使う than があるので、(B)better が正解。

PART 5_ 話の幅を広げる表現 [その他の表現]

Lesson 18 接続詞

ドリルでトレーニング！ 問題 ▶ 本冊 P.090

✳ 答え

1. (1) I closed the window because it was cold.
   寒かったので私は窓を閉めた。

(2) When she went out it was raining.
   彼女が外に出た時、雨が降っていた。

(3) If you take a train it will be cheaper.
   もし電車に乗るなら、安くなるだろう。

2. (1) if (2) when (3) but
   (4) and (5) or (6) that

✳ 解答のヒント

1. 接続詞から始まるカタマリが従属節。

2. 空欄の前と後ろの内容と意味関係を理解してから接続詞を当てはめてみましょう。
   [日本語訳] (1) もし急がなかったら私たちは会議に遅れるだろう。
   (2) 私が朝起きたとき、外はとても暑かった。
   (3) 彼は傘を持っていったが使わなかった。
   (4) 私たちは全員家にいてDVDを見た。
   (5) この企画のことで彼を手伝えますか、それとも今帰らなくてはならないですか。
   (6) 彼はみんなが幸せだという考えをもっていた。

TOEIC レベルにチャレンジ！ 問題 ▶ 本冊 P.091

✳ 答え

1. (C) 2. (A) 3. (C) 4. (B)

✳ 解き方

1. [日本語訳] この道具は高価だがとても便利だ。
   [解説] 空欄直前の expensive「値段が高い」と直後の very useful「とても便利」を比べる。値段が高いことをネガティブ要素、便利であることをポジティブ要素と考えて、逆接の(C)but が正解。

2. [日本語訳] もし現金で払ったら、値引きしてくれますか。
   [解説] 文前半は would you で始まる依頼で文後半は条件なので、(A)if が正解。

3. [日本語訳] 彼ら全員、それができるという考えを

もっている。

［解説］空欄直前の idea「考え」がポイント。空欄の後ろでどういう「考え」なのかを説明している。よって「〜という」と訳す接続詞の(C)that が正解。

4.［日本語訳］彼女はとても変わって見えたので、父親は彼女だと気がつかなかった。

［解説］空欄の直後に形容詞、その後に that がきているので、so-that の組み合わせだとわかる。よって正解は(B)so。

PART 5_ 話の幅を広げる表現［その他の表現］

Lesson 19 前置詞

ドリルでトレーニング！ 問題 ▶ 本冊 P.094

✳ 答え

1. (1) at　　　　時刻
　　(2) on　　　　曜日
　　(3) in　　　　年
　　(4) until　　　継続の期間
　　(5) by　　　　完了の期限
　　(6) to　　　　方向

2. (1) above
　　　私たちは早朝、地平線の上の方にある太陽を見た。
　　(2) on
　　　壁に時計がある。
　　(3) while
　　　彼女は日本にいる間にカメラを購入した。
　　(4) Although
　　　彼女はたった1年前にチームに加わったにもかかわらず素晴らしいリーダーになった。

✳ 解答のヒント

1. 解説ページの表とイラストを思い出してみてください。具体的な数字や場所をからめて覚えてみましょう。

2. 前置詞は後ろの名詞がカギ。接続詞の中には前

置詞のような単語もありますが、接続詞の場合は後ろに〈主語＋動詞〉がきます。

TOEIC レベルにチャレンジ！ 問題 ▶ 本冊 P.095

✳ 答え

1. (A)　**2.** (B)　**3.** (D)　**4.** (C)

✳ 解き方

1.［日本語訳］多くの絵が壁に掛かっている。

［解説］空欄直後の the wall「壁」がポイント。「壁に掛かっている」という意味を表せるのは、正解の(A)on。時計が壁に接していると考えて on を使う。

2.［日本語訳］明日の夕方までにこのレポートを提出してください。

［解説］空欄直後の tomorrow evening「明日の夕方」と述語動詞 turn in「提出する」がポイント。締め切りの期限を表す(B)by が正解。

3.［日本語訳］営業時間中はこの窓を開けないように。

［解説］空欄の直後に business hours「営業時間」という名詞がきているので、答えは前置詞。よって接続詞(A)while は消える。「〜中」という意味の前置詞(D)during が正解。

4.［日本語訳］足の痛みにもかかわらず、彼は仕事に行った。

［解説］空欄の直後に a pain「痛み」という名詞がきているので、空欄に入るのは前置詞。よって接続詞(A)but、(B)although、副詞(D)however は消えて、残る(C)in spite of が正解。

Lesson 20 不定詞と動名詞

ドリルでトレーニング！
問題 ▶ 本冊 P.098

✳ 答え

1. (1) 彼は手紙を速達で出すために郵便局へ行った。
   (2) 私たちは賞を得るチャンスがある。
   (3) 私の仕事は製品の検査をすることです。
2. (1) having (2) operating
   (3) to quit (4) to do

✳ 解答のヒント

1. to 不定詞の訳し方は「〜すること」「〜するための」「〜するために」のどれか。
2. カッコの直前の単語がカギ。通例 to の後ろは動詞の原形を置きますが、(1)の look forward to の to は前置詞なので、後ろには動名詞を置きます。例外的なフレーズですが、TOEIC L&R テストにはよく出題されるので覚えておきましょう。
   ［日本語訳］(1) 顧客は当社とより強い関係をもつことを期待している。
   　　　　　　(2) もし間違いを見つけたら機械の運転を停止しなさい。
   　　　　　　(3) 最終的に彼は会社を辞めることを決めた。
   　　　　　　(4) 私は今夜やるべき仕事がたくさんある。

TOEIC レベルにチャレンジ！
問題 ▶ 本冊 P.099

✳ 答え

1. (D) 2. (A) 3. (B) 4. (B)

✳ 解き方

1. ［日本語訳］その問題を議論するために会議室に行きましょうか。

［解説］空欄の前で文が完成していることがポイント。副詞的用法「〜ために」と訳す(D)to discuss が正解。ちなみに、この文では不定詞は文を修飾している。
2. ［日本語訳］彼女が会社に着くと、すぐに私を手伝うことを申し出た。
　［解説］空欄直前の offered「申し出た」がカギ。「これからすること」を表す不定詞を後ろにつなげる。よって正解は(A)to help。「申し出る」のは「これからすること」と考えれば不定詞との相性がよいことはわかるはず。
3. ［日本語訳］予算案をいつ仕上げたのですか。
　［解説］空欄直前の finish「終える」がポイント。「それまでやっていたこと」を表す動名詞が後ろにくるので(B)making が正解。「それまでやっていた」動作を「終える」と考えれば動名詞と相性がよいことはわかるはず。
4. ［日本語訳］顧客たちは新しい製品にとても興味がある。
　［解説］空欄直前にある前置詞の in がポイント。前置詞の後ろには名詞がくるので、動名詞(B)purchasing が正解。

Lesson 21 受動態

ドリルでトレーニング！
問題 ▶ 本冊 P.102

✳ 答え

1. (1) 郵便局ではたくさんの種類の切手が売られている。
   (2) これらの車は修理されましたか。
   (3) 昨日この会議室は清掃されなかった。
2. (1) spoken (2) was stolen
   (3) surprised (4) made
   (5) injured

✳ 解答のヒント

1. 〈be 動詞＋過去分詞〉は「〜される」と訳します。

解答 & 解説

Basic English Grammar Exercises to improve your TOEIC L&R TEST score be動詞の時制にも意識を。

2. 基本的には「もの」が主語のときには受動態になりますが、感情動詞など、動詞の意味によって変わることがあります。

　[日本語訳]（1）英語は世界中で話されている。

　　　　　（2）昨晩、私の財布が盗まれた。

　　　　　（3）その知らせはこの会社の全員を驚かせた。

　　　　　（4）この映画は1999年に製作されましたか。

　　　　　（5）多くの人がこの事故でけがをした。

TOEICレベルにチャレンジ！ 問題▶本冊 P.103

✳ 答え

1. (D)　**2.** (D)　**3.** (C)　**4.** (C)

✳ 解き方

1.[日本語訳] この美術館は50年前に建てられた。

　[解説] 主語が the museum「美術館」＝もので人によって「建てられる」ので受動態になる。よって(A)build は消える。空欄は主語の真後ろで文中に他に動詞がないので述語動詞が必要。過去分詞だけでは述語動詞にならないので(B)built は消える。文末に「50年前」とあるので過去形の(D)was built が正解。

2.[日本語訳] このリストはフレッドによって作られたのですか。

　[解説] 文頭に be 動詞の were があるので、後ろに続けるのは(B)drawing か(D)drawn のどちらか。主語が the list「リスト」＝もので、文末に by Fred「フレッドによって」とあるので、受動態の文だとわかる。正解は(D)drawn。draw up は「（書類など）を作成する」という意味だが、これを知らなくても受動態の形さえ見抜ければ本問は解ける。

3.[日本語訳] 社員は全員昇進試験を受けるように促される。

　[解説] 空欄直前に be 動詞の is があるので、後ろに続けるのは(B)encouraging か(C)encouraged のどちらか。能動態で「促す」にする場合、空欄の後ろに目

的語である名詞が必要。今回は空欄の後ろが to take となっているので、受動態の文だとわかる。「促される」の意味がある(C)encouraged が正解。

4.[日本語訳] 去年、ずばぬけた営業成績が重役たちを満足させた。

　[解説] 空欄は主語の直後にあり、文中に述語動詞がないので、空欄には述語動詞が入るとわかる。よって(D)satisfying は消える。文末に過去を示す表現の last year「去年」があるので過去形の他動詞(C)satisfied が正解。

PART 5_ 話の幅を広げる表現［その他の表現］

Lesson 22 仮定法

ドリルでトレーニング！ 問題▶本冊 P.106

✳ 答え

1. （1）If / would　（2）would / didn't

　　（3）hadn't / have met

2. （1）weren't　（2）would buy

　　（3）go　　　　（4）hadn't spoken

✳ 解答のヒント

1. If 節の時制と、主節の時制に意識を。動詞の形も参考に。

2. 文中の動詞に注目。仮定法過去、仮定法過去完了、仮定法現在の形を思い出してみましょう。

　[日本語訳]（1）もしあなたがここにいなかったら、人生はつまらないだろう。

　　　　　（2）もし十分なお金があったら、私たちは家を買うだろう。

　　　　　（3）トンプソンさんは彼がひとりで行くように提案した。

　　　　　（4）もし彼が日本語を話せなかったら、彼は日本に来なかっただろう。

TOEIC レベルにチャレンジ！ 問題 ▶ 本冊 P.107

✳ 答え

　1. (B)　2. (D)　3. (C)　4. (A)

✳ 解き方

1. [日本語訳] もし私があなたなら、もう一度やってみる。

　[解説] 「私」が「あなた」になることはないので現在のありえないことを表す仮定法過去を使う。主節に would try があるのも決め手となり、正解は(B)were。

2. [日本語訳] もしそんなに高くなかったら、私たちはその商品を買うのに。

　[解説] 主節の would purchase がポイント。文全体の意味を考えると、「高くなかったら」という否定形が必要。よって(D)weren't が正解。

3. [日本語訳] もしその情報を得ていたら、私はその株を買わなかっただろう。

　[解説] If 節に had got があるので、仮定法過去完了の形をつくる。よって(C)have bought が正解。株を買ってしまったという過去の事実に反する仮定。

4. [日本語訳] 理事長はミラー氏に会議に出るように提案した。

　[解説] 動詞 suggested に注目。suggest などの要求・提案を表す動詞の後に続く that 節の中では、that 節の中の主語が何であっても動詞は原形を使う。よって正解は(A)attend。

PART 5　話の幅を広げる表現 [その他の表現]

Lesson 23 疑問詞

ドリルでトレーニング！ 問題 ▶ 本冊 P.110

✳ 答え

1.	(1)	いつ	when
	(2)	どこ	where
	(3)	誰	who
	(4)	誰の	whose
	(5)	なぜ	why
	(6)	いくら	how much
	(7)	頻度	how often
	(8)	期間	how long

2. (1) What time does she get up every morning ?
　(2) How often do they use the copy machine ?
　(3) Who decided to go there by train ?
　(4) How was the presentation last week ?
　(5) Do you know when the meeting will start ?
　(6) I don't know why he left the company.

✳ 解答のヒント

1. 似た形が多い疑問詞ですが、解説ページ（p.108）の表でしっかり覚えましょう。

2. 疑問詞疑問文と間接疑問文の形を思い出しましょう。

　[日本語訳] (1)　彼女は毎朝何時に起きますか。
　　　　　　(2)　彼らはどのくらいの頻度でこのコピー機を使いますか。
　　　　　　(3)　そこに電車で行くと誰が決めたのですか。
　　　　　　(4)　先週のプレゼンはどうでしたか。
　　　　　　(5)　あなたは会議がいつ始まるか知っていますか。
　　　　　　(6)　私はなぜ彼が会社を辞めたのか知らない。

解答&解説

TOEIC レベルにチャレンジ！ 問題 ▶ 本冊 P.111

✳ 答え

　1. (B)　2. (D)　3. (B)　4. (A)

✳ 解き方

1. [日本語訳] 今朝あなたはいつ起きましたか。

　[解説] 空欄の後ろに you という主語があるの

で、主語をたずねる疑問詞(C)Who は消える。残る選択肢のうち述語動詞の get up「起きる」と組み合わせられるのは(B)When だけ。

2. [日本語訳] 営業会議がどこで行われるか知っていますか。

[解説] Do you know の後に続く間接疑問の形。文全体の意味から、会議が行われる「場所」を尋ねていることがわかる。よって(D)where が正解。

3. [日本語訳] あなたはこの製品にいくら払いますか。

[解説] 述語動詞の pay「払う」がポイント。払う金額をたずねる疑問詞は how much なので(B)much が正解。

4. [日本語訳] 彼は減量するためにどのくらいの頻度でジムに行きますか。

[解説] 年齢を尋ねる(B)How old の後ろには be 動詞、種類をたずねる(D)What kind of の後ろには名詞が必要。この文では空欄の後ろに does he とあるので、この 2 つは消える。

動詞の目的語をたずねる(C)What を使う場合は目的語のない不完全な文が必要だが、この文では完全な文がきているので消える。よって正解は頻度を表す(A)How often。

PART 6_ 文をつなげる表現 ［接続副詞・文挿入］

Lesson 24 接続副詞

ドリルでトレーニング！
問題 ▶ 本冊 P.116

✳ 答え

1. (1) However (2) Therefore
   (3) Nevertheless (4) Moreover
   (5) otherwise
2. (1) However (2) so
   (3) and

✳ 解答のヒント

1. 前半の文の内容と空欄の後ろの文の内容のつな

がりを意識して、文脈に合うものを選びましょう。

[日本語訳] (1) 私はテニスをすることが大好きだ。しかし、あまり上手ではない。

(2) 太陽が輝いていて天候が暖かい。したがって、ピクニックに最適な日だ。

(3) 試験は難しかった。それでも、私は良い成績でなんとか合格した。

(4) そのレストランの料理は美味しい。さらに、価格も非常に手ごろだ。

(5) アラームをセットするのを忘れないでください。さもないと、寝過ごしてしまうかもしれません。

2. 接続詞は、文中でカンマの後にきて、さらにその後ろに文を続けることができますが、接続副詞はそれができません。接続副詞は 1 文目の文をピリオドで終えて、2 文目の冒頭に置く、あるいは、文中でセミコロンとカンマの間、またはカンマとカンマの間に挟んで置き、副詞として使います。

[日本語訳] (1) 私はあの新しいコンピューターが欲しい。しかしながら、私には値段が高すぎる。

(2) 私は今朝、バスを逃したので、歩いて仕事に行かなければならなかった。

(3) その映画は素晴らしい評価を受け、映画祭でいくつかの賞を受賞した。

TOEIC レベルにチャレンジ！
問題 ▶ 本冊 P.117

✳ 答え

1. (B) 2. (D) 3. (A) 4. (D)

✳ 解き方

1. [日本語訳] (A)私たち（弊社）は
(B)私たち（弊社）の
(C)私たち（弊社）を
(D)私たち（弊社）のもの

[解説] 空欄直後に名詞 "Web shop" があるのがポイント。名詞の前に置くのは所有格なので、(B)our が正解。会社側や店側を指す場合は「私たち」の意味をもつ代名詞 we が使われて「弊社」となる。

2. [日本語訳] (A)衣類

(B)文具

(C)ガラス製品

(D)飲み物

[解説] 空欄のある文の後半、カンマ以降にある"flavors"「味」がポイント。「味」に関わりのある商品は、(D)beverages「飲み物」だけなので、これが正解。文のどこかに必ず正解の根拠となる単語やフレーズが隠れているので、それを探すこと。

3. [日本語訳] (A)さらに

(B)それでも

(C)しかしながら

(D)さもないと

[解説] 文頭にきて、文と文、段落と段落をつなぐフレーズを選ぶ問題では、文脈に注目。第1段落は「3つの味が出る」、第2段落は「お客さんにテストして意見をもらっている」という内容。新製品に関する情報を追加しているので、(A)Moreover「さらに」が適切で、これが正解。他の選択肢はどれもこの文脈とは合わない。

4. [日本語訳] (A)このショーは近いうちにキャンセルされる。

(B)できるだけ早く折り返し電話をいただけますか？

(C)私はテストを受けるためにその場所に行った。

(D)ご協力いただけますと幸いです。

[解説] 空欄に適切な文を挿入する問題。文章の最後に置いて締めの言葉になるのは(D)We would appreciate your cooperation.で、これが正解。決まり文句なのでしっかり覚えたい。その他の選択肢は、主語と時制と内容に注目する。(A)The show「このショー」、(B)call me back「折り返し電話をする」、(C)went「行った」がそれぞれ、前の段落内容と合わない。

✳ **本文の日本語訳**

問題1-4は次の手紙に関するものです。

キャメロン・アルコット様

当社ウェブショップでお買い物いただきありがとうございます。デイライト社の新商品が5月初旬に発売されることを喜んでお知らせします。

当社の最もよく売れている飲み物のシリーズであるナチュラル・ブレッシングスに、マンゴー、グアバ、ココナッツの3つの味が加わります。

さらに、お客様の中から新しいラインナップを試していただき、味やパッケージデザインについてご意見を頂ける方を募集します。ご興味があれば、同封の試供品申込用紙をご返送いただくだけで結構です。折り返し、試供品とアンケート用紙をお送りします。ご協力いただけますと幸いです。

敬具

クライド・ウォーカー

PART 6_ 文をつなげる表現 [接続副詞・文挿入問題]

lesson 25 文挿入問題

ドリルでトレーニング！ 　　問題 ▶ 本冊 P.120

✳ **答え**

1. (1) They (2) our (3) it (4) your

2. (1) a, the (2) a, The (3) The

✳ **解答のヒント**

1. 空欄の前の文の何を指しているか、内容を把握しながら見極めましょう。

[日本語訳] (1) 私は昨日駅でサトウさんとスズキさんに会った。彼らは私の同僚だ。

(2) 弊社は衣料品を長年販売している。弊社の商品はすべて高品質だ。

(3) その顧客へのお礼状を書いてください。できればそれを今日中に郵送してください。

(4) お問い合わせありがとうございます。必要書類をこのメールに添付しました。あなたの住所と名前をお書きくださいますか。

2. 初めて登場する名詞には不定冠詞 a/an、同じ単

語または同じ内容を指す名詞が再度登場する場合には定冠詞 the を使います。

[日本語訳] (1) 彼らは書店を経営している。多くの客がその書店を訪れる。

(2) 私は昨日ある学生と会った。その勤勉な学生は私に多くの質問をした。

(3) ムラカミさんは走るのを楽しんでいる。そのランナーは毎年マラソンに出場する。

TOEIC レベルにチャレンジ！ 問題 ▶ 本冊 P.121

✱ 答え

1. (C)　**2.** (C)　**3.** (A)　**4.** (C)

✱ 解き方

1. [日本語訳] (A)割り当てる
(B)紹介する
(C)交流する
(D)広げる

[解説] 空欄の直後 "with one another" がポイント。後ろに前置詞 with が置けて、文脈として適切な意味をもつ動詞(C)interact「〜と交流する」が正解。

2. [日本語訳] (A)あなた（たち）自身
(B)あなた（たち）のもの
(C)あなた（たち）の
(D)あなた（たち）が／あなた（たち）を

[解説] 空欄直後の "family" という名詞がポイント。直後に名詞が置けるのは代名詞の所有格である(C)your で、これが正解。空欄の直前直後の単語に注目するとすぐに解ける問題が出題される。

3. [日本語訳] (A)このキャンプ場はみなさんがバーベキューを楽しむのに最適な場所です。
(B)昨年のその時点では、ほとんどの社員や顧客はうれしくありませんでした。
(C)会社の全メンバーへの警告がいくつかあります。
(D)来週の会議の後にそのレポートを提出するのは正しいですか？

[解説] 空欄に適切な文を挿入する問題。この段落ではキャンプサイトについての内容が述べられており、2 回目に登場するときに用いる冠詞 the をともなった The campsite を含む(A)The campsite is a perfect place for everyone to enjoy a barbecue. が正解。その他の選択肢は(B)weren't happy「うれしくありませんでした」や last year「去年」、(C)warnings「警告」(D)report「レポート」や next week「来週」がそれぞれ内容に合わない。

4. [日本語訳] (A)お知らせしている
(B)お知らせする予定である
(C)お知らせされる予定である
(D)お知らせする予定である

[解説] 適切な動詞の形を選ぶ問題。主語が details「詳細」で、動詞 announce「知らせる」と組み合わせる場合は、「お知らせされる」と受動態〈be 動詞＋過去分詞〉の形をとる。受動態は(C)will be announced だけなので、これが正解。

✱ 本文の日本語訳

問題 1-4 は次のお知らせに関するものです。

従業員のみなさんへ

今年も毎年恒例の社員キャンプについて喜んでお知らせします。
他部署の方とお互いに交流していただける、またとない機会ですので、みなさん、ふるってご参加ください。

今年は、社員キャンプはグリーンヒル・キャンプ場で 10 月 11 日土曜日に開催されます。ご家族の方みなさんも歓迎します。このキャンプ場はみなさんがバーベキューを楽しむのに最適な場所です。興味のある方は、川下りやミニサイクリングをすることも可能です。

イベントの詳細は後日お知らせします。ご質問のある方は総務部にご連絡ください。

文法問題ランダム演習編

問題 ▶ 本冊 P.122

＊ 答え

1. (B)	**2.** (D)	**3.** (B)	**4.** (C)	**5.** (B)
6. (C)	**7.** (C)	**8.** (B)	**9.** (A)	**10.** (C)
11. (B)	**12.** (D)	**13.** (A)	**14.** (A)	**15.** (D)
16. (B)	**17.** (D)	**18.** (B)	**19.** (A)	**20.** (A)
21. (B)	**22.** (C)	**23.** (C)	**24.** (B)	**25.** (D)
26. (C)	**27.** (B)	**28.** (A)	**29.** (B)	**30.** (C)
31. (B)	**32.** (A)	**33.** (B)	**34.** (B)	**35.** (A)
36. (B)	**37.** (B)	**38.** (C)	**39.** (B)	**40.** (C)
41. (B)	**42.** (B)	**43.** (C)	**44.** (A)	**45.** (D)
46. (D)	**47.** (A)	**48.** (C)	**49.** (A)	**50.** (A)
51. (B)	**52.** (B)	**53.** (B)	**54.** (C)	**55.** (B)
56. (B)	**57.** (B)	**58.** (A)	**59.** (B)	**60.** (C)
61. (D)	**62.** (C)	**63.** (A)	**64.** (A)	**65.** (A)
66. (B)	**67.** (D)	**68.** (D)	**69.** (C)	**70.** (C)
71. (A)	**72.** (D)	**73.** (D)	**74.** (C)	**75.** (C)
76. (A)	**77.** (D)	**78.** (D)	**79.** (B)	**80.** (A)
81. (B)	**82.** (C)	**83.** (C)	**84.** (B)	**85.** (A)
86. (C)	**87.** (A)	**88.** (B)		

解答＆解説

date.   /

Basic English Grammar Exercises
tc imp·ove your TOEIC L&R TEST score

date.   /